小学音乐学科固定音高乐器特色课程设计

邰方 张莉珉 ◎ 主编

上海社会科学院出版社
SHANGHAI ACADEMY OF SOCIAL SCIENCES PRESS

图书在版编目(CIP)数据

小学音乐学科固定音高乐器特色课程设计 / 邵方，张莉珉主编 .— 上海：上海社会科学院出版社，2023
ISBN 978-7-5520-4151-4

Ⅰ．①小… Ⅱ．①邵… ②张… Ⅲ．①音乐课—课程设计—研究—小学 Ⅳ．①G623.712

中国国家版本馆 CIP 数据核字(2023)第 109061 号

小学音乐学科固定音高乐器特色课程设计

主　　编：邵　方　张莉珉
责任编辑：杜颖颖
封面设计：裘幼华
出版发行：上海社会科学院出版社
　　　　　上海顺昌路 622 号　邮编 200025
　　　　　电话总机 021-63315947　销售热线 021-53063735
　　　　　http://www.sassp.cn　E-mail:sassp@sassp.cn
照　　排：南京理工出版信息技术有限公司
印　　刷：上海龙腾印务有限公司
开　　本：890 毫米×1240 毫米　1/32
印　　张：8.5
字　　数：220 千
版　　次：2023 年 9 月第 1 版　2023 年 9 月第 1 次印刷

ISBN 978-7-5520-4151-4/G·1262　　　　　　定价：45.00 元

版权所有　翻印必究

序

电脑屏幕上呈现的是邰方老师、张莉珉老师主持的名师工作室的研究成果——《小学音乐学科固定音高乐器特色课程设计》的书稿。这是上海市徐汇区区内9位一线小学音乐教师在邰方、张莉珉带领和指导下的教研成果。

慢慢翻看书稿,我的思绪回到了20世纪60年代,那时我还是一个小学生。那个年代的音乐教学似有似无,幸好我在家里翻到了一把旧口琴。因为喜欢,就有动力去自学。过不多久,我就能用这把旧口琴吹出我心爱的乐曲了。在吹乐的过程中,我还慢慢摸索着学会了读简谱,这把口琴陪伴我走过了童年、少年时期。以这把旧口琴为起点,我还陆陆续续地学了多种乐器。1978年我以器乐演奏考入上海师范大学音乐系,直至成为一位专业的音乐教育工作者。回想起来,这一切均缘起一把旧口琴。和那个年代比起来,现在社会的经济水平提高了不少,不少学生有了学习钢琴、小提琴、二胡、琵琶的经历。但我想说的是,无论学哪种乐器,哪怕是一把小小的口琴也能把孩子带入美好的音乐世界。

固定音高器乐教学在中小学教学中已经推进了好多年。从20世纪80年代开始,许多中小学音乐教师就已经在音乐课堂教学中进行口琴、竖笛等固定音高乐器教学。不久,口风琴、陶笛等固定音高乐器也进了课堂。那时每隔两到三年,会进行一次中青年音乐教师课堂器乐教学大奖赛。我有幸多次担任评委工作,目睹了中小学音乐教师在推广器乐进课堂的活动中所取得的成绩。但在那些年里，器乐进课堂大多还是将器乐作为一种音乐教学的辅助手段加以运用。器乐教学的实践和研究大多也是零打碎敲不成系统。这次看到了这本《小学音乐学科固定音高乐器特色课程设计》后我欣喜地发现，名师工作室的学员们在导师的帮助下，系统化、整体性地总结、提炼器乐教学的经验，并且能够按照徐汇区名师工作室的工作要求对固定音高乐器教学进行了微课程开发研究。9位学员学习并依托《义务教育艺术课程标准(2022版)》，从课程设计、单元实施方案、课堂实践案例等方面由上至下地对固定音高乐器教学进行了系统化的研究与实践，并将成果立于文字。在我的认识范围内，这种立意高、视野宽、路径明、方法新的中小学课堂器乐教学研究成果还是比较少见的。读了这本书稿后我不免感叹：如果五六十年前我能遇到9位老师中的一位，那我在学习口琴的道路上得少走多少弯路啊！

最后想提一笔的是：我和邰方老师、张莉珉老师亦师亦友多年。看到她们两位现已成为上海中小学音乐教师中的领军人物，不禁要为她俩竖起大拇指点个赞！与此同时，看到9位老师的研究成果，作为一位老音乐教师不禁为中小学音乐教育事业后继有人而感到欣慰！

张荫尧

二〇二三年五月

前　言

国家义务教育新版课程标准颁发,焕发出了社会各界对学生艺术教育的期待与重视。徐汇区教育系统第六届名师工作室小学音乐学科的成员们以小学音乐学科固定音高乐器特色课程设计为项目研究的核心,回应新时代课程方案和课程标准提出的新要求,自觉对标立德树人的全面育人理念,力求使器乐教学显现出其特有的育人能量。

工作室成员都来自一线教育教学岗位,实战经验丰富,多次在教学评比中斩获市区奖项。我们发现市区范围内,对课堂器乐教学的研究正在持续呼唤迭代更新的新型策略。广大小学音乐教师长期致力于"器乐进课堂"的教学实践研究,本著作的使用价值在于寻求归纳可复制、推广的教学模式和可借鉴的特色课程文本。使学生在学习音乐作品包括学唱歌曲、听赏音乐的过程中,既学会固定音高乐器的演奏技能,又能借助乐器的功能,丰富音乐感受,深化音乐体验,辅助学生从听、唱、奏、创等多方面提升音乐能力与素养。同时对课堂集体固定音高器乐课程的教学方法与模式探索研究,形成鲜活并各具特色的校本实践典型案例,为教师专业素养的研修构建具有针对性的参照文本。

我们在项目研究过程和文本呈现中力求凸显两个特色:一是特色课程迭代更新。大部分学校的此类校本课程由于编写时间早,存在内容旧、方法浅、层次缺等问题,已经无法较好地适应当前的教育教学目标,课程特色与优势不能得到展现。本著作将重新构设课程内容,其中包括课程框架、样张、案例反思等。二是对评价多元性与过程性评价的突破。长期以来,学校的课堂器乐教学多是以体验性活动的形式出现或是针对突破重、难点为目的进行片段化的学习与使用,因此评价维度是相对简单的。通过该著作,我们将针对课堂器乐教学的评价指标、方式及工具开展实践探索与研究,弥补该部分的空缺,为教师群体提供可借鉴迁移的方式方法。

通过项目充实课堂固定音高乐器教学资源的丰富性,形成具有体系的教学方法、策略及模式。同时,整体性地培育学生的音乐素养,并能体现课程的梯度、层次及结构的合理性。这是我们编写此书的目的与期待。希望书中的内容经得起实践的反复检验,为音乐教师们拓宽构思、评价、实施的界面,辟出一条更深更美好的教育教学捷径。

邰 方

目　录

序 ⋯⋯⋯⋯⋯⋯⋯⋯⋯⋯⋯⋯⋯⋯⋯⋯⋯⋯⋯⋯⋯⋯⋯⋯⋯⋯⋯⋯⋯ 1
前言 ⋯⋯⋯⋯⋯⋯⋯⋯⋯⋯⋯⋯⋯⋯⋯⋯⋯⋯⋯⋯⋯⋯⋯⋯⋯⋯⋯⋯ 1

第一篇　欢乐口风琴 ⋯⋯⋯⋯⋯⋯⋯⋯⋯⋯⋯⋯⋯⋯⋯⋯⋯⋯⋯⋯ 1
　第一章　导　语 ⋯⋯⋯⋯⋯⋯⋯⋯⋯⋯⋯⋯⋯⋯⋯⋯⋯⋯⋯⋯ 2
　第二章　课程设计 ⋯⋯⋯⋯⋯⋯⋯⋯⋯⋯⋯⋯⋯⋯⋯⋯⋯⋯⋯ 2
　　一、课程框架 ⋯⋯⋯⋯⋯⋯⋯⋯⋯⋯⋯⋯⋯⋯⋯⋯⋯⋯⋯⋯ 2
　　二、课程样张 ⋯⋯⋯⋯⋯⋯⋯⋯⋯⋯⋯⋯⋯⋯⋯⋯⋯⋯⋯⋯ 11
　第三章　单元实施方案 ⋯⋯⋯⋯⋯⋯⋯⋯⋯⋯⋯⋯⋯⋯⋯⋯⋯ 17
　　一、单元教学内容 ⋯⋯⋯⋯⋯⋯⋯⋯⋯⋯⋯⋯⋯⋯⋯⋯⋯⋯ 18
　　二、单元学情分析 ⋯⋯⋯⋯⋯⋯⋯⋯⋯⋯⋯⋯⋯⋯⋯⋯⋯⋯ 18
　　三、单元教学目标 ⋯⋯⋯⋯⋯⋯⋯⋯⋯⋯⋯⋯⋯⋯⋯⋯⋯⋯ 18
　　四、单元实施安排 ⋯⋯⋯⋯⋯⋯⋯⋯⋯⋯⋯⋯⋯⋯⋯⋯⋯⋯ 19
　　五、单元评价 ⋯⋯⋯⋯⋯⋯⋯⋯⋯⋯⋯⋯⋯⋯⋯⋯⋯⋯⋯⋯ 19
　第四章　课堂实践案例 ⋯⋯⋯⋯⋯⋯⋯⋯⋯⋯⋯⋯⋯⋯⋯⋯⋯ 20
　　一、教学设计 ⋯⋯⋯⋯⋯⋯⋯⋯⋯⋯⋯⋯⋯⋯⋯⋯⋯⋯⋯⋯ 21
　　二、教学案例及反思 ⋯⋯⋯⋯⋯⋯⋯⋯⋯⋯⋯⋯⋯⋯⋯⋯⋯ 27

第二篇　多彩口风琴 ⋯⋯⋯⋯⋯⋯⋯⋯⋯⋯⋯⋯⋯⋯⋯⋯⋯⋯⋯ 31
　第一章　导　语 ⋯⋯⋯⋯⋯⋯⋯⋯⋯⋯⋯⋯⋯⋯⋯⋯⋯⋯⋯⋯ 32

第二章　课程设计 …………………………………… 32
　　一、课程框架 ……………………………………… 32
　　二、课程样张 ……………………………………… 43
第三章　单元实施方案 ………………………………… 51
　　一、单元教学内容 ………………………………… 51
　　二、单元学情分析 ………………………………… 51
　　三、单元教学目标 ………………………………… 52
　　四、单元实施安排 ………………………………… 52
　　五、单元评价 ……………………………………… 53
第四章　课堂实践案例 ………………………………… 54
　　一、教学设计 ……………………………………… 55
　　二、教学策略及反思 ……………………………… 62

第三篇　小鲤畅游口风琴 ………………………………… 64
第一章　导　语 ………………………………………… 65
第二章　课程设计 ……………………………………… 65
　　一、课程框架 ……………………………………… 65
　　二、课程样张 ……………………………………… 73
第三章　单元实施方案 ………………………………… 77
　　一、单元内容 ……………………………………… 77
　　二、单元学情分析 ………………………………… 77
　　三、单元教学目标 ………………………………… 78
　　四、单元实施安排 ………………………………… 78
　　五、单元评价 ……………………………………… 79
第四章　课堂实践案例 ………………………………… 79
　　一、教学设计 ……………………………………… 80
　　二、教学案例及反思 ……………………………… 88

第四篇　风传灵音 … 91
第一章　导　语 … 92
第二章　课程设计 … 92
　一、课程框架 … 92
　二、课程样张 … 101
第三章　单元实施方案 … 106
　一、单元教学内容 … 106
　二、单元学情分析 … 106
　三、单元教学目标 … 106
　四、单元实施安排 … 107
　五、单元评价 … 107
第四章　课堂实践案例 … 108
　一、教学设计 … 108
　二、教学案例及反思 … 114

第五篇　陶园口风琴 … 117
第一章　导　语 … 118
第二章　课程设计 … 118
　一、课程框架 … 118
　二、课程样张 … 125
第三章　单元实施方案 … 129
　一、单元概述 … 130
　二、单元教材分析 … 130
　三、单元教法分析 … 130
　四、单元目标 … 132
　五、单元课时设计 … 132
第四章　课堂实践案例 … 134

一、教学设计 …………………………………………… 134
　　二、教学案例及反思 …………………………………… 139

第六篇　笛声欢唱 …………………………………… 143
第一章　导　语 ……………………………………… 144
第二章　课程设计 …………………………………… 144
　　一、课程框架 …………………………………………… 144
　　二、课程样张 …………………………………………… 149
第三章　单元实施方案 ……………………………… 155
　　一、单元教学内容 ……………………………………… 156
　　二、单元学情分析 ……………………………………… 156
　　三、单元教学目标 ……………………………………… 156
　　四、单元实施安排 ……………………………………… 156
　　五、单元评价 …………………………………………… 158
第四章　课堂实践案例 ……………………………… 159
　　一、教学设计 …………………………………………… 160
　　二、教学案例及反思 …………………………………… 164

第七篇　趣味竖笛伴我成长 ………………………… 167
第一章　导　语 ……………………………………… 168
第二章　课程设计 …………………………………… 168
　　一、课程框架 …………………………………………… 168
　　二、课程样张 …………………………………………… 175
第三章　单元实施方案 ……………………………… 181
　　一、单元内容 …………………………………………… 181
　　二、单元学情分析 ……………………………………… 182
　　三、单元教学目标 ……………………………………… 182

四、单元实施安排 …………………………… 182
　　五、单元评价 ………………………………… 183
　第四章　课堂实践案例 ………………………… 183
　　一、教学设计 ………………………………… 184
　　二、教学案例及反思 ………………………… 193

第八篇　竖笛吹吹乐 …………………………………… 195
　第一章　导　语 ………………………………… 196
　第二章　课程设计 ……………………………… 196
　　一、课程框架 ………………………………… 196
　　二、课程样张 ………………………………… 205
　第三章　单元实施方案 ………………………… 208
　　一、单元教学内容 …………………………… 208
　　二、单元学情分析 …………………………… 209
　　三、单元教学目标 …………………………… 209
　　四、单元实施安排 …………………………… 210
　　五、单元评价 ………………………………… 210
　第四章　课堂实践案例 ………………………… 211
　　一、教学设计 ………………………………… 211
　　二、教学案例及反思 ………………………… 217

第九篇　我是小小风琴迷 ……………………………… 221
　第一章　导　语 ………………………………… 222
　第二章　课程设计 ……………………………… 222
　　一、课程框架 ………………………………… 222
　　二、课程样张 ………………………………… 231
　第三章　单元实施方案 ………………………… 235

一、单元教学内容 ………………………………… 236
二、单元学情分析 ………………………………… 236
三、单元教学目标 ………………………………… 236
四、单元实施安排 ………………………………… 237
五、单元评价 ……………………………………… 237
第四章 课堂实践案例 ……………………………… 238
一、教学设计 ……………………………………… 238
二、教学案例及反思 ……………………………… 244

尾记 项目转化教师培训课程，落实"教、研、训"一体化
　　　张莉珉 …………………………………………… 248

第一篇　欢乐口风琴

胡君瑜，上海市徐汇区汇师小学，一级教师，工作 9 年，毕业于上海师范大学音乐教育专业。

曾荣获徐汇区首届见习教师规范化培训"十佳"评选优秀奖，徐汇区小学音乐教师基本功大赛钢琴单项一等奖、全能三等奖，上海市中小学戏剧戏曲微课征集展评活动金奖；指导学生团队获徐汇区学生合唱节中小学生合唱比赛一等奖、上海市学生戏剧节少儿歌舞剧专场小学组三等奖、校园打击乐小学组金奖第一名等；曾参与校本课程出版物《京韵润童心》与《唱•演》编写，以及《上海市校园电影院线建设项目》《小学阶段开展京剧进课堂研究》《小学常有教学中优化学生表现力的策略与方法研究》等市区及课题研究。

第一章　导　语

"器乐演奏"作为义务教育艺术课程内容之一，在大部分学校基础音乐课程中已得到落实，但在固定音高乐器的实际教学中，许多学校遭遇"两难"瓶颈，一是难以通过短学时教学掌握演奏技巧，而强调技巧学习反向压缩了审美体验，削弱了学生器乐学习兴趣；二是难以系统地落实器乐教材标准化学习，学情高低起伏导致教学策略缺乏适切性，校本教学长期停留在简单曲目中，降低了学生音乐素养提升的挑战性。

围绕"审美与技巧的平衡""标准与校本的平衡"两个难题，汇师小学开展了《欢乐口风琴》校本课程建设。结合最新颁布的《义务教育艺术课程标准（2022 年版）》（以下简称《标准》）教育指导思想，以核心素养内涵为导向、艺术情感表达与艺术美感展现为基础，围绕"器乐演奏辅助歌唱教学"的实践研究进行课程开发，其目的一是探索有效的课堂器乐教学方法，培养学生器乐学习热情与主观能动性，增强艺术实践提升音乐表现；二是建立操作性强的口风琴教学资源与教学内容，落实器乐教学的美育功能，发展音乐学科核心素养。

第二章　课程设计

一、课程框架

校本课程的开发与建设，是学校面对课程与教学实践中的关键问题与实际瓶颈，对此进行系统思考、准确判断，从而精准定位，探索有效解决问题的策略，是推动教学质量与发展的举措之一。器乐校本课程《欢乐口风琴》就是基于艺术教育方针与学校器乐教学现状的分析,确立了"关注音乐审美、唱奏跨域融合、强调艺术表现"的课程理念,计划在基础音乐课中开展实践。设计者编写了课程总目标、分年段目标、课程内容结构、单元教学框架,同时结合学校生态课堂"教学评一致"项目研究,创设了学业质量评估标准,评价工具表在学材样张中也会有所体现。以下呈现具体课程框架与设计思路。

(一) 背景分析

《标准》三至九年级的学习任务3"独奏与合作演奏"中指出:演奏是进行情感表达和音乐表现、开展音乐创作与展示的重要途径,对学生增强音乐理解、表现和创造能力,提高音乐学习兴趣,发展核心素养,身心健康成长等具有重要作用。

在音乐教育的历史进程中,器乐教学始终是重要教学手段之一。口风琴有着体积小、易吹奏等优势,将其引入音乐课堂,通过口风琴吹奏辅助音乐教学,对于提升音乐表现力、感受力、创造力等核心素养有着不容小觑的作用,具体可以表现在以奏助赏、激发兴趣,以奏助唱,把握音准,共同协作、自我展现等方面。

汇师小学一贯秉持学科并重、五育并举的教学理念,作为上海市合唱联盟校、手风琴联盟校、舞蹈联盟校、歌舞剧试点学校,在基础音乐课程中便重点关注器乐、歌唱与音乐表现等综合素养的培育,也一贯有口风琴教学的实践经验。此外,超过2/3的学生在校外有学习键盘及其他乐器的经验,对于器乐演奏与音乐的表现有一定基础。

(二) 课程理念

校本化课程《欢乐口风琴》计划在三至五年级音乐课堂中进行普

及性口风琴教学,以整合吹奏类乐器与歌唱技巧相吻合的音乐技能,辅助歌唱与合唱教学为主要内容。课程实施关注学生在器乐演奏与学习过程中"探索""体验"的主观能动性,增强学生参与音乐活动的热情。通过器乐演奏辅助歌唱时的音乐感知及情感体验,培养学生感受美、欣赏美、表现美的综合艺术素养,从而助力音乐学科核心素养的提升。

(三) 课程目标

1. 课程总目标

(1) 丰富音乐体验,增强审美感知。通过课堂口风琴吹奏体验,激发音乐学习兴趣,提升艺术学习热情。在识读五线谱、唱奏音乐旋律、吹奏教材歌曲中感受歌唱作品的艺术语言,在丰富的音乐体验活动中发现美、感受美、欣赏美,从而获得健康的审美情趣。

(2) 强调音乐理解,突出艺术表现。通过口风琴乐曲欣赏与歌唱作品吹奏,了解口风琴的艺术表现形式,在器乐演奏与音乐表现中,帮助学生理解歌唱作品的情感表达,感悟歌唱作品中的文化内涵,提高学生的音乐感知能力,进一步提升音乐表现力。

(3) 关注艺术实践,开发创造潜能。在课堂口风琴吹奏、创作、唱奏合作、师生合作、表演等综合艺术实践活动中,培养学生良好的器乐学习习惯、提高音乐技能的同时,丰富艺术想象,开发创造潜能,增强学习的探索精神及集体合作意识,在艺术实践中形成开阔的艺术思维。

2. 分年段目标

本课程在小学中高年段实施,为匹配课程总目标"审美感知""艺术表现""创意实践"3个维度的艺术素养,在分年段目标细则中也做了具体对应。课程分年段目标见表1-1。

表 1-1 课程分年段目标

核心素养＼年级	三年级	四年级	五年级
审美感知	通过探索、体验等活动，认识口风琴，了解口风琴吹奏方式，感知固定音高乐器的音准，激发学习兴趣与热情	吹奏教材中两个八度以内的歌曲，在吹奏轮唱歌曲中，建立歌唱中的二声部音响概念，提高对音乐作品的理解能力与感知能力，在音乐体验中获得审美情趣	通过口风琴模仿、吹奏练习等实践体验，在教师指挥下初步掌握口风琴音色与音量的控制，结合歌唱活动，进一步提升音乐的审美感知能力
艺术表现	1. 通过模仿、游戏、吹奏活动掌握口风琴的正确演奏姿势，学会吹奏口风琴，丰富学生的艺术体验；2. 在聆听旋律、演唱歌曲、视唱五线谱、模仿弹奏等活动中，完成音乐教材中 1 个八度以内简单的歌曲吹奏表演，在辅助歌唱学习中提升音乐表现力	1. 通过口风琴吹奏练习，掌握吐音吹奏、跨指法、缩指法等乐器演奏技巧，进一步提升乐演奏技能；2. 在个人独奏、合作表演等活动中，进一步理解教材歌曲的内涵，在有感情地吹奏表演中，进一步提升音乐表现力	在聆听、模仿、探索学习中掌握教材中 1 个升降记号以内的歌曲旋律弹奏，通过口风琴吹奏表达，提升对歌唱作品的音乐情感理解，提高学生的音乐表现力
创意实践	在师生合作、生生合作口风琴吹奏、创造、表演活动中，开拓艺术视野，丰富艺术想象力	为歌唱作品创编简单的口风琴单音旋律伴奏，通过实践活动开发创造性思维	在口风琴二声部重奏、创编口风琴与打击乐器合奏等活动中，感知乐队演奏的表演形式，提升音乐探索精神增强合作学习意识，提高音乐的创作能力

(四) 课程内容

《欢乐口风琴》课程以"任务式"学习模式为基调，设置由简到难梯度渐进的口风琴乐曲练习及口风琴游戏活动，辅助学生更好地掌握歌唱与合唱技巧及相关乐理知识。课程内容框架见表 1-2，课程各单元内容结构分别如图 1-1 至图 1-3 所示。

表 1-2　课程内容框架

单　元	内容概要	目标指向	建议年段/课时
第一单元 欢乐探秘 口风琴	任务一：认识口风琴 1. 了解发声原理； 2. 感知固定音高； 3. 养成良好学习习惯	目标 1	三年级 建议 5～6 课时
	任务二：认识键盘 1. 学会键盘乐器的弹奏手型； 2. 学会键盘弹奏基础指法与手位	目标 1	
	任务三：学会口风琴吹奏姿势 1. 掌握口风琴吹奏的姿势； 2. 掌握正确的吹奏与歌唱呼吸方式	目标 2 目标 3	
第二单元 趣味吹奏 Do Re Mi	任务一：掌握口风琴弹奏技巧 1. 学会连音与跳音弹奏； 2. 学会扩指法与缩指法弹奏； 3. 学会穿指法与跨指法弹奏	目标 1 目标 3	三、四年级 建议 10 课时
	任务二：掌握口风琴吹奏技巧 1. 学会连音吹奏； 2. 学会单吐音吹奏； 3. 学会双吐音吹奏	目标 1 目标 2	
	任务三：教材单声部歌曲吹奏 1. 2 个八度内一声部教材歌唱作品； 2. 1 个升降号以内教材歌曲吹奏； 3. 有力度控制、有感情地吹奏旋律； 4. 歌唱、口风琴吹奏合作表演	目标 2 目标 3	
第三单元 快乐表演 我能行	任务一：课本教材歌曲伴奏吹奏 1. 学会单音、和弦、旋律伴奏； 2. 吹奏教材歌曲伴奏声部	目标 1 目标 3	四、五年级 建议 10 课时
	任务二：课本教材二声部歌曲表演 1. 教材二声部轮唱歌曲吹奏； 2. 教材二声部合唱歌曲吹奏； 3. 口风琴小乐队表演	目标 1 目标 2	

第一篇 欢乐口风琴

第一单元 欢乐探秘口风琴

任务一 认识了解口风琴
- 学：1. 欣赏口风琴演奏视频 2. 了解构造及发声原理
- 玩：口风琴听音游戏
- 练：1. 擦一擦口风琴 2. 收起我的口风琴
- 阶段任务评价

任务二 探索弹奏口风琴
- 学：1. 认识键盘 2. 键盘弹奏基础手型与手位
- 玩：1. 手指操 2. 抬起我的手指头
- 练：唱音名，弹奏简单的旋律练习
- 阶段任务评价

任务三 吹响我的口风琴
- 学：1. 腹式呼吸 2. 吹奏的正确姿势
- 玩：气息练习（闻花香与吹蜡烛）
- 练：模仿火车声，吹奏长音与短音旋律练习
- 阶段任务评价

单元总评 成长集章卡

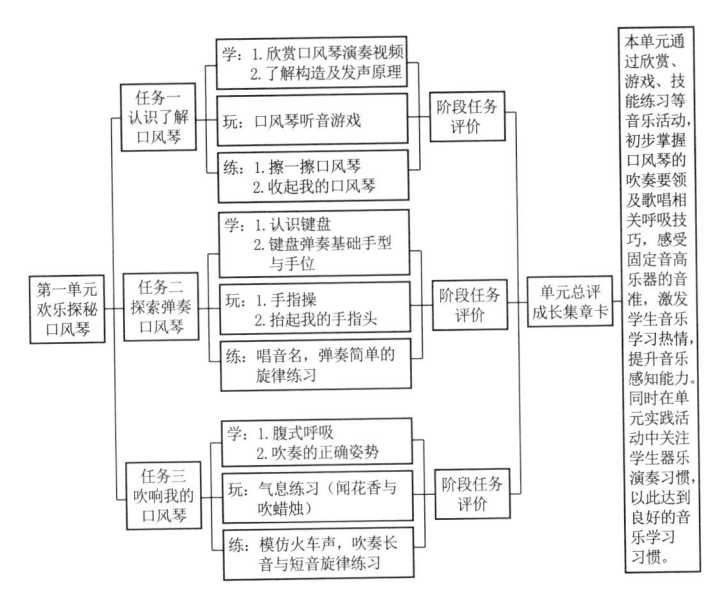

本单元通过欣赏、游戏、技能练习等音乐活动，初步掌握口风琴的吹奏要领及歌唱相关呼吸技巧，感受固定音高乐器的音准，激发学生音乐学习热情，提升音乐感知能力。同时在单元实践活动中关注学生乐演奏习惯，以此达到良好的音乐学习习惯。

图 1-1　课程第一单元内容结构

第二单元 趣味吹奏 Do Re Mi

任务一 探索口风琴弹奏技巧
- 学：1. 连音与跳音弹奏 2. 扩指法与缩指法弹奏 3. 穿指法与跨指法弹奏
- 玩：1. 旋律接龙游戏 2. 旋律创编游戏
- 练：用不同的弹奏技巧练习短小旋律
- 阶段任务评价

任务二 探索口风琴吹奏技巧
- 学：1. 连音吹奏 2. 单吐音吹奏 3. 双吐音吹奏
- 玩：1. 听音连线游戏 2. 音响故事创编
- 练：用不同的吹奏技巧练习短小旋律
- 阶段任务评价

任务三 教材单声部歌曲吹奏
- 学：1. 变音记号吹奏 2. 吹奏力度控制
- 玩：1. 看指挥控制音量游戏 2. 编配力度记号
- 练：音乐教材中单声部歌曲吹奏练习
- 阶段任务评价

单元总评 成长集章卡

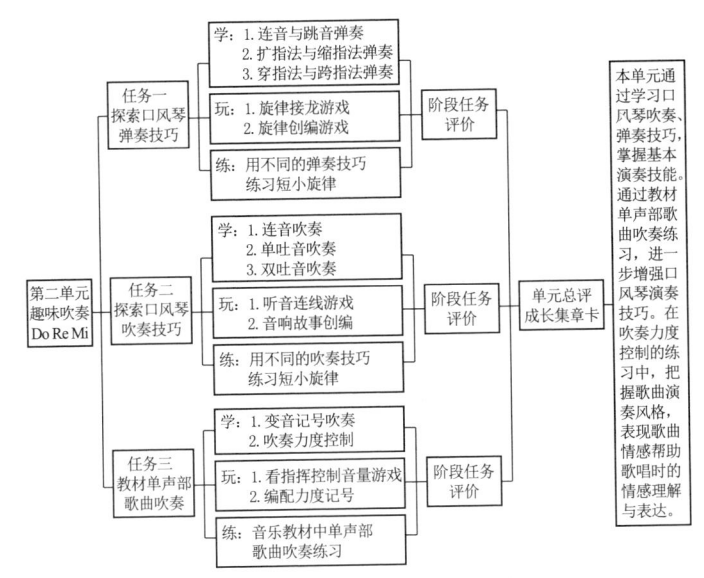

本单元通过学习口风琴吹奏、弹奏技巧，掌握基本演奏技能。通过教材单声部歌曲吹奏练习，进一步增强口风琴演奏技巧。在吹奏力度控制的练习中，把握歌曲演奏风格，表现歌曲情感帮助歌唱时的情感理解与表达。

图 1-2　课程第二单元内容结构

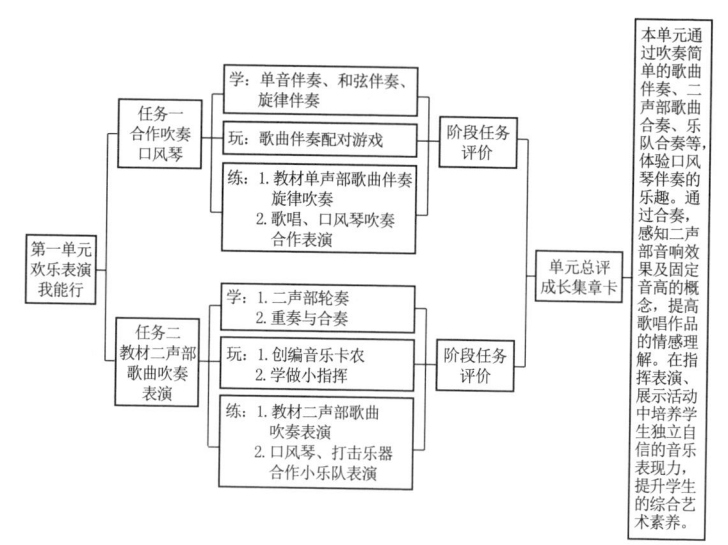

```
                    ┌─ 学：单音伴奏、和弦伴奏、
                    │      旋律伴奏
          ┌─ 任务一 ─┼─ 玩：歌曲伴奏配对游戏       ─┐
          │  合作吹奏 │                              ├─ 阶段任务
          │  口风琴  └─ 练：1.教材单声部歌曲伴奏    │   评价
          │              旋律吹奏                   │
第一单元 ─┤              2.歌唱、口风琴吹奏         │
欢乐表演  │              合作表演                   │
我能行    │                                         ├─ 单元总评
          │          ┌─ 学：1.二声部轮奏           │   成长集章卡
          │          │      2.重奏与合奏           │
          │  任务二  ├─ 玩：1.创编音乐卡农         ─┤
          └─ 教材二声 │      2.学做小指挥           │
             部歌曲吹 │                              ├─ 阶段任务
             奏表演   └─ 练：教材二声部歌曲        │   评价
                         吹奏                       │
                         口风琴、打击乐器           │
                         合作小乐队表演             ┘
```

本单元通过吹奏简单的歌曲伴奏、二声部歌曲合奏、乐队合奏等，体验口风琴伴奏的乐趣。通过合奏，感知二声部音响效果及固定音高的概念，提高歌唱作品的情感理解。在指挥表演、展示活动中培养学生独立自信的音乐表现力，提升学生的综合艺术素养。

图 1-3　课程第三单元内容结构

（五）学业质量评估标准

1. 评价量规

围绕课程总目标中 3 个核心素养维度，本课程评价根据口风琴学习习惯、吹奏技能达成度、音乐表现力等具体学习成效做了评价量规表。这里要说明的是，《欢乐口风琴》课程评价载体选用了校吉祥物中代表"艺术形象"的京剧海豚"雅雅"，在评价中由"雅雅"带领汇师学子探索口风琴学习任务，以达到提升艺术学习自信、激发学习动机的目的，使学生明确学习的目标与自我成长的进步变化。评价量规见表 1-3。

表 1-3　评价量规

年级	学习态度	演奏技能	音乐表现	总　　分
三年级	1. 愿意学习口风琴； 2. 在教师指导下能形成准确的口风琴吹奏姿势	1. 认识并了解乐器； 2. 掌握吹奏的呼吸技巧； 3. 弹奏单音或简单的旋律	1. 在歌唱中准确运用呼吸记号； 2. 有固定音高概念，并能在口风琴辅助下准确演唱音高	初步达成 良好达成
四年级	1. 喜欢吹奏口风琴； 2. 有较好的器乐演奏习惯意识	1. 掌握不同的吹奏、弹奏技巧； 2. 准确吹奏教材单声部歌曲主旋律	1. 独立进行口风琴吹奏表演； 2. 口风琴辅助歌唱，合作表演； 3. 完成简单的口风琴伴奏创编	初步达成 良好达成
五年级	1. 主动学习或吹奏表演口风琴； 2. 已形成良好的器乐学习与演奏习惯	1. 在吹奏歌曲时能熟练运用不同的技能； 2. 准确吹奏教材二声部歌曲旋律； 3. 掌握变音记号、力度记号的演奏方式	1. 有感情地吹奏口风琴或唱奏合奏表演； 2. 自信大方表演口风琴吹奏； 3. 较好地展示口风琴与打击乐、口风琴与歌唱等综合性表演活动	初步达成 良好达成

2. 评价形式

（1）单元总评——成长集章卡。学生参与每节课的口风琴学习，在单元学习结束时根据不同的学习内容与学习要求，评分获得相应小海豚章，集章数可兑换相应的荣誉称号。以第一单元为例，成长集章卡如图 1-4 所示。

学习任务	学习成果	评价集章
我能吹奏口风琴	1. 课堂上愿意参与口风琴学习； 2. 愿意与同伴共同参与口风琴练习	
我爱吹奏口风琴	1. 认识并了解口风琴，学会保养及爱护自己的口风琴； 2. 能用正确姿势吹奏口风琴； 3. 认真学习口风琴并主动练习	
我会吹奏口风琴	1. 学会正确的呼吸方式，并能在吹奏与歌唱中运用； 2. 学会正确的弹奏手型与姿势； 3. 准确吹奏"弹唱乐园"中的小练习	海豚集章
集章方式：每达成 1 项获得 1 个小海豚章 奖励兑换： 7～8 章获"海豚音乐家"称号 5～6 章获"口风琴达人"称号 3～4 章获"小小演奏员"称号		

图 1-4 成长集章卡

（2）学习档案。通过喜爱的作品记一记、表演体会写一写等过程性资料积累，以学习档案的方式阶段性检验与评价学习的效果，起到自我了解与自我激励作用。学习档案样例如图1-5所示。

	三年级	四年级	五年级
我学会了……			
我喜欢弹的歌曲……			
我想要表演的歌曲……			
我和同学合作了……			
我和老师合作了……			
我完成了音乐游戏……			

图1-5 学习档案样例

（3）期末音乐会。以个人或小组、齐奏或重奏等丰富形式，开展期末音乐会，展示一学期所学过的口风琴作品，由教师与学生投票选出"最佳小海豚组合奖"和"小海豚才艺之星"。

二、课程样张

课程资源作为课程目标实现的重要载体之一，对整个课程实施及目标达成有着举足轻重的作用。《欢乐口风琴》课程样张的设计也是口风琴教学资源的设计。以器乐学习辅助音乐课堂中歌唱教学为主要线索，设计者基于课程总目标与教学单元框架内容，挖掘义务教育音乐课程教材中的部分歌唱作品，合理开发与口风琴吹奏相关联的唱奏融合资源，在校本课程实施中作为口风琴教学的辅助学材，也可供其他音乐教师在教学中使用。

（一）版面设计

《欢乐口风琴》课程样张的版面设计童趣、美观，单元板块中的"学""玩""练"对应设计为"知识宝库""游戏山谷""弹唱乐园"，并创编了较多符合小学阶段学生认知特点的音乐游戏与活动练习，让学生在寓教于乐中轻松学习口风琴吹奏。图 1-6 和图 1-7 所示分别为"知识宝库"和"弹唱乐园"课程样张。

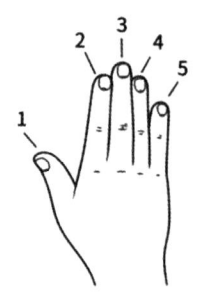

图 1-6 "知识宝库"课程样张

弹唱乐园

呜……呜……雅雅把音符小火车开来咯!同学们尝试用胸腹式呼吸来吹奏吧!

1. 尝试用任意指法在琴键上吹奏任意音高
2. 为音符填上音名,和同桌交换吹奏练习

图 1-7 "弹唱乐园"课程样张

(二) 呈现形式

课程样张以电子版与纸质版相结合的方式呈现,在样张中加入"扫一扫"二维码,如图 1-8 所示,给予学生在课后反复欣赏、互动学习、巩固练习等交互式学习体验,提升其探索学习精神与自主学

习能力。

宝箱 2：口风琴的声音

打开宝箱，大家一起扫码欣赏，看看动听有趣的口风琴表演视频吧！

威廉退尔序曲　　　超级玛丽　　　虫儿飞

游戏山谷

同学们，大家是不是听出，口风琴的音高和钢琴的音高是一样的呢？其实，口风琴也是一件小型键盘乐器，它发出的声音也是固定音高哦！请同学们和老师一起玩一个听音小游戏，你们能听辨出老师吹的是什么音？

扫一扫二维码，听音并填写音名。

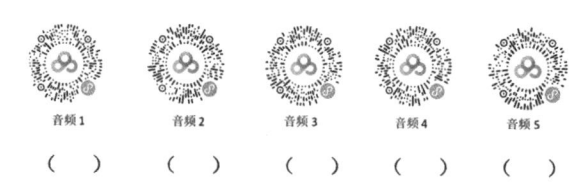

音频1　　音频2　　音频3　　音频4　　音频5
（　）　（　）　（　）　（　）　（　）

图1-8　样张中的"扫一扫"二维码

(三) 教学资源

基于音乐教材的口风琴教学资源开发，在课程样张中以较多的弹唱谱例体现。样张中大部分弹奏作品都是选自学生喜爱且难度较小、篇幅较短的歌唱作品，其中二声部歌曲的伴奏声部都由教师根据学生的吹奏能力与技巧来编写,使学生在吹奏与歌唱中进一步提升音乐审美能力与音乐表现力。图 1-9 所示为口风琴吹奏谱例。

学会了用口风琴吹奏歌曲,同学们想不想尝试吹奏教材中学唱的歌曲呢?雅雅挑选了几首适合大家表演的歌曲,快来一起试一试吧!

1. 请为歌曲标上合适的力度记号,有感情地吹奏表演
2. 邀请同伴进行歌唱、演奏合作表演

歌曲1:我们大家跳起来

歌曲2:老爷爷赶鹅

弹唱乐园

大家的乐感真棒！歌曲伴奏声部的音高、节拍韵律、节奏型都要符合歌曲旋律本生的韵律及情感，才能衬托歌曲、丰富歌曲表现，成为歌曲的一部分。雅雅不仅把《洋娃娃和小熊跳舞》《钟声》《愉快的梦》三首歌曲的伴奏声部记录下来，还创编了《小奶牛》《我的小宝宝》《闪烁的小星》歌曲伴奏，请同学们试着吹一吹吧！

1. 选择喜爱的歌曲，练习伴奏声部
2. 邀请同伴演唱歌曲，并吹奏伴奏声部共同表演

歌曲1《我的小宝宝》

图 1-9　口风琴吹奏谱例

（四）评价形式呈现

对于音乐学科而言，学生的能力素养、习惯素养、艺术素养有着综合与复杂的特征，恰当的教学评价则是帮助其"自我认识"与"自我提升"的有效策略之一。本课程的评价贯穿整个教学活动，将过程性评价与单元总结性评价有机融合，在多维度评价中，使学科素养在"计划性学习"与"成长进步"中得以显现。图 1-10 所示为任务评价表样例。

歌曲 5《故乡的小路》

完成任务	集章
1. 我了解了口风琴合作的技巧。	
2. 我能创编"卡农"音乐。	
3. 我能自信大方上台表演口风琴吹奏。	

图 1-10　任务评价表样例

第三章　单元实施方案

单元教学的设计是围绕主题将知识结构化,组成一个有意义的单元,帮助学生形成音乐关键能力的有效途径之一[1]。《欢乐口风琴》校本课程共有3个单元,每个单元作为课程性质的下位分解,又与每一课时的教学保持紧密联系,课程设计者将提升"艺术审美感知"与"艺术表现"作为素养导向与教学主线,同时关注单元组织的递进性与教学内容的融合性,编写了完整的课程单元实施方案。以下呈现第二单元《趣味吹奏 Do Re Mi》的具体内容。

一、单元教学内容

(1) 探索口风琴弹奏技巧。
(2) 探索口风琴吹奏技巧。
(3) 教材单声部歌曲吹奏。

二、单元学情分析

通过第一单元的教学,学生已认识口风琴这一固定音高吹奏乐器,并了解了正确的吹奏方式及基本的弹奏手法,第二单元的学习兼顾口风琴的"吹"与"弹"两项技能的掌握,同时关注口风琴在教材一声部歌唱作品中的表现,提升学生以口风琴吹奏辅助歌唱的表现力。

三、单元教学目标

(1) 通过模仿吹奏、活动体验,掌握吹管类乐器中的单吐音、双吐音、连音吹奏等技巧,以及键盘类乐器中连音与跳音、缩指与扩指、穿指与跨指法的弹奏技巧。

(2) 学会吹奏教材中一声部歌唱作品的主旋律,并能为歌曲的演唱弹奏主旋律伴奏,或创编简单的伴奏,丰富歌唱的表现力。

(3) 通过为教材歌曲加入力度记号吹奏,感受歌曲的情感表达,进一步提升歌曲演奏、演唱的表现力,提升审美感知能力。

四、单元实施安排

本单元共有 3 个学习任务,通过分别学习口风琴的吹奏与弹奏技巧,掌握口风琴的演奏方式,并结合义务教育音乐教材中的歌唱歌曲,进行吹奏表演,从而辅助歌唱技巧的掌握与表现力提升。单元活动具体内容及课时安排见表 1-4。

表 1-4　单元活动具体内容及课时安排

学习任务	学习内容			建议课时
	知识宝库(学)	游戏山谷(玩)	弹唱乐园(练)	
探索活动 1 口风琴 弹奏技巧	1. 学习连音与跳音弹奏; 2. 学习扩指法与缩指法弹奏; 3. 学习穿指法与跨指法弹奏	1. 模仿音型进行旋律接龙并吹奏; 2. 根据弹奏要求提示,创编合适的旋律吹奏	根据指法提示,找出学过的演奏技巧,在旋律上方用相应的记号标注	2
探索活动 2 口风琴 吹奏技巧	1. 学习连音吹奏; 2. 学习单吐音吹奏; 3. 学习双吐音吹奏	1. 聆听音频,听辨正确的吹奏方式并连线配对; 2. 根据图片提示,选择合适的吹奏方式完成音响故事创编	口风琴吹奏技巧小乐曲练习	2
探索活动 3 教材歌曲 吹奏	1. 认识变音记号并学会弹奏; 2. 认识力度记号,掌握口风琴吹奏的力度控制及情感表达技巧	1. 反应力大考验游戏,看指挥有感情地吹奏乐曲; 2. 为歌曲创编合适的力度记号并吹奏	教材单声部歌曲主旋律吹奏: 1. 我们大家跳起来; 2. 火车快跑; 3. 老爷爷赶鹅; 4. 夜晚多美好	4

五、单元评价

主要从学习习惯、学习态度及学习成果 3 个维度进行评价,具体评价指标对应单元学习内容。单元评价维度及评价指标见表 1-5。

表 1-5　单元评价维度及评价指标

评价维度	评价指标
我能吹奏口风琴	1. 在课堂上愿意参加口风琴学习； 2. 能认真聆听教师示范并主动参与模仿吹奏练习
我爱吹奏口风琴	1. 愿意参与课堂活动完成音乐游戏； 2. 认真学习口风琴吹奏技巧并主动练习，独立吹奏口风琴； 3. 愿意与同伴共同学习，并交流学习成果或共同表演
我会吹奏口风琴	1. 学会连音、吐音的吹奏技巧； 2. 学会连音与跳音、扩指法与缩指法、穿指法与跨指法弹奏； 3. 学会变音记号及力度记号吹奏； 4. 有感情地吹奏教材歌曲主旋律

第四章　课堂实践案例

教学设计是课程思想设计与课程规划的落实，也是课程目标与方案有效性的衡量指标，其作为学校课程实施"引擎"在整个课程设计的"最后一公里"中至关重要。校本课程《欢乐口风琴》也是在投入基础音乐课堂教学中开展，通过对教学设计的实践、研究、反思再实践，从而整改与完善课程。

值得一提的是，本课程在实施过程中，教师较为关注课程理念展现、教学内容掌握以及对课程资源的有效利用，力求"以学定教"，并突出音乐学科素养落地，将课堂教学引入更深的层面。以第二单元《趣味吹奏 Do Re Mi》中《我们大家跳起来》一课为例，教学设计围绕"以奏助唱"，创设多维唱奏结合体验活动，结合学校生态课堂"支架式教学研究"项目，在教学中融入维恩图教学支架，帮助学生快速理解"唱"与"奏"的共通点，使学生的音乐学习思维方式得到发展。这也契合了课程设计的最初思路,即通过口风琴课程的实施,来具体落实器乐课程中"学什么"与"怎么教"的根本问题。以下是《我们大家跳起来》一课教学设计与案例反思。

一、教学设计

【课题】

《我们大家跳起来》。

【课时】

《欢乐口风琴》第二单元《探索活动3》第二课时。

【教学内容】

(1) 口风琴吹奏复习。
(2) 歌曲《我们大家跳起来》吹奏学习与歌表演。

【教学目标】

(1) 通过听力游戏、吹奏表演等音乐活动,复习表情记号与演奏记号,在口风琴乐曲吹奏练习与唱游表演活动中,感受与表现音乐情绪,提升音乐感知力与合作学习能力。

(2) 学习吹奏歌曲《我们大家跳起来》主旋律,熟练掌握口风琴吹奏与弹奏技巧,通过为歌曲加入力度记号,初步做到有感情地吹奏歌曲,在歌曲唱、奏、舞综合表演中,进一步提升综合音乐素养。

(3) 在口风琴吹奏与歌曲演唱中,寻找唱奏表现时技巧与情感表达的共通点,了解对所学知识点做类比思考的方法,体验器乐学习的乐趣。

【教学重点】

通过为歌曲加入合适的表情记号吹奏,辅助歌曲演唱的情感表达。

【教学难点】

熟练吹奏歌曲主旋律,并与歌曲演唱配合共同唱奏表演。

【育人立意】

吹奏优美的外国音乐作品,并在合作中体会与老师、与同学之间合作的愉快,形成良好的课堂气氛。

【评价环节与要求】

评价环节与要求见表1-6。

表1-6 评价环节与要求

评价环节与内容	评价要点	评价形式	目标指向
评价环节一: 口风琴吹奏复习	用口风琴吹奏乐曲,准确表现歌曲的演奏记号	教师评价	目标1
评价环节二: 歌曲吹奏	能认真参与课堂口风琴学习,学习吹奏歌曲主旋律	教师评价	目标2、3
评价环节三: 口风琴歌曲表演	参与音乐活动,合作完成唱、奏、舞蹈综合表演活动	生生互评	目标2、3

【教学过程】

(一)口风琴表情记号吹奏复习

1. 复习力度记号的吹奏

力度记号:p(弱)　mp(中弱)　mf(中强)　f(强),如图1-11所示。

图1-11 力度记号

2. 复习表情记号与演奏记号

练习歌曲如图 1-12 所示。

图 1-12 练习歌曲

（1）练习歌曲中的连音吹奏、顿音吹奏、吐音吹奏与穿指法弹奏。

（2）根据歌曲意境，加入合适的力度记号吹奏歌曲。

（3）教师演唱歌曲，学生吹奏。

3. 评价环节

评价方式为教师评价。评价要点：准确表现歌曲的表情记号，并有感情地吹奏歌曲。

教学说明

学习要点：复习表情记号与演奏记号，有感情地吹奏乐曲。

设计意图：通过复习力度记号、连音、顿音、吐音吹奏与跨指法弹奏技巧，加强口风琴吹奏的气息与手指控制，提高口风琴演奏技巧与审美体验，同时通过师生合作歌曲表演，锻炼学生的乐队合作吹奏能力与乐感养成。

(二) 歌曲吹奏

1. 复习演唱歌曲

复习演唱歌曲《我们大家跳起来》。

2. 学习歌曲第一乐句吹奏

(1) 口风琴吹奏歌曲第一乐句,教师示范顿音演奏,学生模仿吹奏。

(2) 学生感受用短促的吐音吹奏顿音记号时气息的控制。

(3) 加入顿音记号演唱歌曲,感受第一乐句欢快活泼的情绪。

(4) 出示如图 1-13 所示的维恩图,讲解口风琴吹奏技巧与歌唱技巧的相同点。

图 1-13　第一乐句维恩图

关键设问:结合口风琴吹奏与歌曲演唱,请同学们思考,乐句中出现顿音记号,吹奏与演唱有什么共同点?

(5) 学生自由选择演唱或吹奏第一乐句,共同合作,再次体验表达顿音时的气息控制。

教学说明

学习要点:演唱与演奏的合作。

设计意图:学生的器乐演奏基础参差不齐,有部分同学在一节课的学习过程中无法熟练吹奏口风琴,仍需课后进一步巩固练习,因此在课堂中让学生自由选择吹奏或歌唱表演,鼓励每一位学生参与音乐活动,提升音乐学习自信,在后续的学习活动中有类似教学环节,用意相同。

3. 学习吹奏歌曲第二乐句

(1) 自学歌曲第二乐句吹奏。

(2) 演唱歌曲第二乐句,并加入合适的呼吸记号。

(3) 加入正确的呼吸记号并连音吹奏第二乐句。

(4) 出示如图 1-14 所示的维恩图,讲解口风琴吹奏技巧与歌唱技巧的相同点。

图 1-14　第二乐句维恩图

关键设问:结合口风琴吹奏与歌曲演唱,请同学们思考,吹奏与演唱连贯乐句有什么共同点?

(5) 加快速度,完整吹奏歌曲旋律。

4. 评价环节

评价方式为教师评价。评价要点:能用口风琴准确吹奏歌曲的主旋律。

教学说明

学习要点:通过吹奏口风琴练习,解决歌唱中的连段对比演唱难点。

设计意图:学生对于歌曲中顿音与连音的演唱技巧控制还有待提高,通过口风琴弹奏,直观地感受连音与跳音的音色对比与情绪表达对比,在口风琴吹奏技巧提升的同时,帮助学生理解歌唱的情感表达,从而辅助歌唱技巧的提升。

(三) 歌曲表演

1. 为歌曲加入合适的力度记号吹奏

（1）学生讨论，为歌曲加入力度记号。

（2）教师示范，学生练习吹奏。

（3）出示如图1-15所示的维恩图，讲解口风琴吹奏技巧与歌唱技巧的相同点。

图1-15 歌曲表演维恩图

2. 为歌曲演唱伴奏

用口风琴吹奏歌曲主旋律，为歌曲演唱伴奏。

3. 唱奏舞综合表演

加入口风琴与舞蹈，进行唱奏舞综合表演。

4. 评价环节

评价方式为生生互评。评价要点：能准确演唱、演奏歌曲，并分组合作表演。

教学说明

学习要点：有感情地吹奏口风琴，进行歌表演。

设计意图：为歌曲加入合适的力度记号，有感情地吹奏歌曲，感受歌曲欢乐的气氛，提升歌曲演唱的表现力，在歌唱、口风琴吹奏、舞蹈合作表演中，提升学生的合作学习意识，培养学生的艺术表现力。

(四) 课堂总结

我们感受了口风琴吹奏与歌曲演唱有着许多相同的技巧与音乐情感表达方法,希望同学们在今后的学习中也能用这样的知识点类比法来探索更多的音乐奥秘,下节课我们也将继续用口风琴来表演更多优美动听的歌曲。

【教学流程图】

教学流程图如图 1-16 所示。

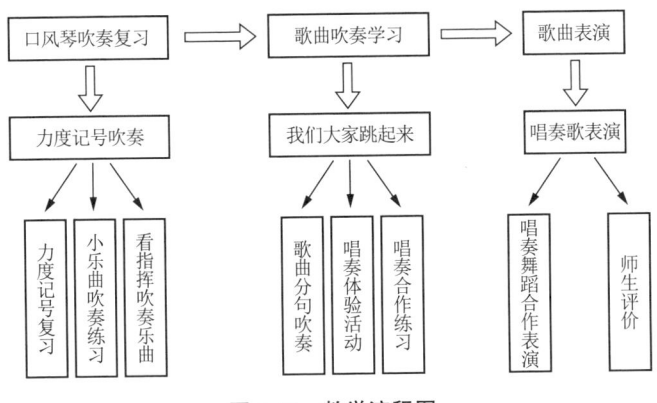

图 1-16 教学流程图

二、教学案例及反思

(一) 主要教学环节与策略

为充分融入课程设计理念,凸显课程育人价值,《我们大家跳起来》一课主要运用了以下 3 个教学策略。

1. 生生合作,享受吹奏乐趣

良好的音乐学习习惯、艺术审美情操与探索音乐的主观能动性,都是从学生的学习兴趣出发。在乐曲学习环节中有多处需要口风琴吹奏示范,教师可以让会弹钢琴的同学先行,发挥其"领袖意见",使大部分学生看清同伴的吹奏演示后感受到榜样的力量,产生"同学能吹,我也能吹"的良好学习意识,激发学习兴趣与主动探索学习的内驱力;在练习过程中,也可以邀请会弹钢琴的同学做小老师,结对帮困辅助乐零基础同伴共同弹奏练习,同步提升学生的合作学习能力,一定程度上可以解决教师无法于短时间内对每一位同学做详细的针对性指导的问题。

在歌曲表演环节,教师也考虑到部分同学通过一节课的学习仍无法熟练演奏,因此让学生自由选择演奏、歌唱或舞蹈进行合作表演,鼓励每一位学生能参与课堂音乐活动,体验合作与表演的乐趣,促使"音乐学习自信"与"器乐学习兴趣"在轻松愉悦的课堂氛围中螺旋上升。

2. 乐曲吹奏,掌握技巧运用

器乐学习是艺术实践的一部分,学生通过器乐实践演奏,感受器乐演奏的乐趣与器乐表现音乐的审美体验,而器乐演奏的首要条件是能掌握演奏的技巧。

本节课的第一教学环节为通过简单短小的歌唱作品《雨》进行口风琴吹奏复习。乐曲中有已学习过的单吐音、跨指法、连音吹奏演奏技巧,教师让学生先跟着五线谱自学练习,再由教师示范、学生示范相结合,快速帮助学生回忆知识点,在巩固与练习中熟练器乐演奏技巧的运用。

当然,器乐演奏不能只关注技巧的训练,更重要的是结合作品的音乐性与情感特征,使演奏技巧成为表现音乐美的能力加持。因此教师让学生结合音乐旋律特点及歌词表达内容,想象歌曲意境,为作品加入合适的力度记号吹奏,将枯燥的口风琴吹奏气息力度控制巧妙地融入音乐表现中,使学生自然而然地练习气息控制的运用。

3. 实践总结,理解艺术融通

《标准》基于素养导向,提出艺术教育要重视实践体验、课程综合,强调通过艺术实践与表现,掌握艺术表现的技能,增强形象思维能力。聚焦核心素养导向,教师将口风琴学习与音乐歌唱教学相结合,对不同的艺术表现形式做了类比分析与归纳,并在实践总结中,引导学生了解艺术表现的相同之处。

本课的教学目标3中的"寻找唱奏表现时技巧与情感表达的共通点,了解对所学知识点做类比思考的方法",旨在即时帮助学生建构一个学习支架,让学生掌握一种学习方法,从而能融会贯通、举一反三,提升学习与思考探索能力。《我们大家跳起来》歌曲旋律中连音与顿音演唱,同口风琴吹奏中的跳音与连音吹奏有着相同的技能要求,即气息控制,其中包括力度与呼吸的控制。在歌曲情感表达上也有相同的乐感表现。在学生多次实践体验后,教师借助维恩图,引导学生总结口风琴吹奏与歌唱表现的技能、情感共通点,不仅让学生了解艺术实践的融通,也使其掌握"类比思考"的学习方法,这样学生在今后遇到同类问题时,就有了进行独立探索与解决问题的学习能力。

(二) 教学反思

1. 实际效果及归因分析

通过前期的教学准备,口风琴吹奏《我们大家跳起来》一课在音乐课中实施,结合歌曲演唱与器乐演奏综合表演,学生获得了良好的审美体验与音乐实践,但在课堂实践过程中也反映出器乐教学操作性偏难繁杂等实际问题,总结如下。

(1) 学习内容安排过多。本课教学重点为通过歌曲弹奏,了解音乐实践的融通之处。而教学活动中的一些板块,如复习口风琴单吐音、连音吹奏、跨指法弹奏等技巧占用了较多时间,从学生视角出发,《我们大家跳起来》成了本节课的第二首新授歌曲吹奏学习,对于器乐零基础学生而言,在短时间内学会两首歌曲弹奏实则困难。虽然在后续可借助体验活动与维恩图等使学生直观地了解口风琴吹奏与歌曲演唱技巧融通,但学生在课堂中的实践总量占比还是太少,最终导致教学目标达成度还不够。

(2)合作表演艺术性不佳。这里是指学生在歌曲综合表演时的配合度、音乐表现力不佳。四年级学生对二声部合作虽有一定的学习基础,但合作表演仍有一定难度,在短时间内形成节奏、速度、音量控制等默契良好的音乐合作表现,是需要进行大量的实践练习的,要形成这样的音乐素养不是一蹴而就的。这与上述问题的产生也是相关联的,课堂中学习容量过大,练习时间较少,演奏技能无法提高,音乐表现力自然也会削弱。

2.改进对策

基于以上教学反思,针对待改进之处,提出以下改进策略,以期在后续的器乐教学课堂中实施以观成效。

(1)突出关键问题,简化教学目标。器乐教学的知识点较为繁杂,可针对关键知识点进行适当简化的教学目标预设,围绕1个素养目标中的教学重点展开多维教学活动设计,使学生在一节课中得到关键知识点练习时间与练习量最大化,实现器乐演奏技能从量的变化到质的飞跃。

(2)分组合作学习,同伴互助成长。班集体中,学生器乐学习基础的参差程度远大于歌唱学习基础的差异,在器乐教学中可采取"有经验"与"零基础"同学结对,在练习或表演时让每一位学生都能发挥个人才智,增强课堂参与度及音乐学习自信,在合作学习中潜移默化提升音乐的变现力与合作学习能力。

参考文献:

[1]韩艳梅.系统化学校课程设计:有效研制的实践指南[M].上海:华东师范大学出版社,2021.

第二篇　多彩口风琴

吴双贞，中小学一级教师，上海市徐汇区康宁科技实验小学音乐教师、艺术总指导。曾获得全国教育教学论文评比一等奖，教师教育科研成果全国评选二等奖，区中青年教师音乐学科课堂教学评比二等奖，参与的"区域信息技术应用结对推进"项目获优秀成果三等奖，执教的公开课曾在区教育教学科研专题中展示交流。指导学生团队曾获上海市中小学校园集体舞评比一等奖，全国青少年校园打击乐比赛上海赛区银奖等。

第一章　导　语

校本课程由于其"课程专业化、内容校本化、课程活动化、文本特色化"成为课程改革创新的重要契机,是延展基础性课程的重要途径[1]。《义务教育艺术课程标准(2022年版)》(以下简称《标准》)突出了素养导向,体现了育人为本。人的发展被转化和具体化为核心素养的发展,《标准》还明确了器乐演奏对于学生增强音乐理解、表现和创造能力,提高音乐学习兴趣,发展核心素养,身心健康成长具有重要作用。因此,对一线音乐教师来说,针对如何顺应时代发展,深化音乐课堂改革,将固定音高乐器引进课堂,构建适合学生可持续发展的器乐校本课程;如何通过器乐教学培养和发展学生的核心素养,将学科核心素养融合与落实于器乐校本课程中等问题,需要进行积极的探索。

结合当下器乐教学实践中目标不聚焦、资源缺少统整、活动内容碎片化,学生素养发展成效不明显的现状,校本课程《多彩口风琴》将以器乐校本课程的开发建设为契机,发挥课程育人价值,聚焦素养指向器乐课堂的实施,探索课堂器乐教学目标的素养定位,寻求从大单元的视角建构结构化的课程内容,促进学科素养在器乐课程中的融合与落地。

第二章　课程设计

一、课程框架

校本课程《多彩口风琴》以"课程标准"为纲,以"知识框架"为目,以"学科素养"为体,结合学校课程发展目标,立足音乐学科本质,聚焦素养指向音乐课堂的实施,以三年级作为校本课程实施的起始年级,根据中高年段学生的身心发展特点,凝练课程素养目标,以大单元视角建构结构化的课程内容,加强课程目标与课程内容的内在联系,以能力发展作为课程评价依据,体现学科育人价值。

(一) 背景分析

课程是学校实现育人目标的重要载体和途径,校本课程是学校课程体系中的重要组成部分。在《标准》中,器乐表演是表现领域的重要学习内容之一,演奏乐器为学生开辟了体验、表现音乐的新途径,对于学生音乐核心素养的培养具有不可替代的作用。

长期以来,我校重视基础型课程建设,拓展型、探究型课程逐年提升,并且不断鼓励教师统整课程资源,在资源开发过程中形成有特色的校本课程。口风琴是一种有固定音高能吹奏的键盘乐器,具有体积小易携带、音色优美、表现力丰富等优点,其音乐实践的可操作性很强,学生易接受,适合集体教学。将口风琴引入学校"快乐活动日"的拓展课程,与基础音乐课程进行统整,开发与建设以核心素养为导向的口风琴校本课程,有利于优化学校课程构架,提升音乐学科的育人价值与课程品质,帮助学生建立良好的固定音高概念,在增强音乐理解、表现和创造能力的同时,发展和培养学生的核心素养。

(二) 课程理念

基于课程背景,结合我校"康体宁心,创智敦行"的育人理念,充分发挥口风琴集体教学的乐器特性和口风琴在多声部表现方面的优势,融合"技趣相融,以奏促能"的课程理念,培养学生乐思善学的思维力、音乐表现力以及合作能力,在口风琴吹奏的"合作体验"中,提升解决问题的能力,收获自信、乐观、积极的学习态度,并将这种积极阳光的心态迁移到其他学习中,让学生乐于学习、爱上学习、学有所想、学有所得。

(三)课程目标

明确学科育人价值和功能,根据器乐学习的特点,围绕核心素养培育要求,从审美感知、艺术表现、创意实践、文化理解四大领域凝练课程素养目标。

1. 深化情感体验,培养审美感知

以音乐审美体验为核心,通过口风琴吹奏,感受声音艺术的美感,理解音乐基本要素,丰富音乐情感体验,培养学生的音乐审美感知能力。让学生在多种感官体验中,保持对音乐的学习兴趣,收获自信、乐观、积极的学习态度。

2. 加强音乐实践,提高艺术表现

以多样化的音乐实践活动为途径,通过学习口风琴演奏,掌握口风琴的基础知识和基本技能,学会知识的运用和迁移,在音乐实践中,建立规则与合作意识,积累实践经验,形成的正确价值观、必备品格和关键能力,在音乐表现中享受音乐表现的乐趣,提高学生的艺术表现素养。

3. 激发创造潜能,培育创新意识

以学生思维能力发展为依托,通过口风琴独奏、齐奏、合奏或为歌曲伴奏等演奏形式,引导学生联系生活实际,综合运用所学知识、技能和创造性思维,在探究、表演、创编活动中,保持对音乐的好奇心和探究,培育创意实践素养。

4. 增进文化理解,提升人文素养

以不同地域、民族、时代的音乐作品演奏为载体,通过对不同音乐作品的演绎,学习和了解中国音乐文化和世界多元音乐文化,开阔文化视野,把握音乐中的文化,理解文化中的音乐,学会尊重、理解和包容,提升学生的人文素养。

在课程素养目标的统领下,结合本校学情,分年段拟定了课程的年段目标,将课程目标逐级分解为分年段所需要培养的核心能力与阶段素养目标,与总目标相互关联、强化深入、适度递进,促使学科核心素养和目标的有效落地。课程分年段目标见表2-1。

表2-1 课程分年段目标

年段	关键核心能力	阶段素养目标
三年级	1. 开发音乐感知力,培养音乐感受与审美能力,养成良好的音乐表现习惯,体验音乐的美感,培养学生对口风琴学习的兴趣; 2. 发展学生音乐特长,调动每一个学生的学习积极性,激发学生多样性思维,培养学生善于学习、自主探究的能力	1. 在探究活动中,认识口风琴,掌握口风琴演奏的姿势、手型和口风琴基本的吹奏方法,在器乐学习的过程中,逐步建立良好的器乐课堂常规和规则意识; 2. 通过亲身体验,感知音乐的节奏、节拍、音高等基本要素,体验音乐的美感,在聆听、欣赏、吹奏的体验活动中,感受音乐表达的情绪、意境并产生共鸣,获得审美体验,能自然有感情地表现音乐; 3. 了解口风琴的演奏基本技巧、基本演奏指法和运舌的方法,初步体会正确的呼吸与指法配合,通过简单的乐曲练习和演奏,初步培养学生识谱、视奏、视唱能力,从内心听觉建立良好固定音高概念
四年级	1. 丰富音乐感受,深化音乐体验,增强学生参与音乐表现的能力,初步培养学生的音乐创造能力,发展创新思维,保持对口风琴学习的兴趣; 2. 提升音乐表现、运用、创造的综合能力,培养团队的艺术实践能力和创造力,在已经掌握原有知识的基础上学会主动迁移,培养学生善于思考,解决问题的能力	1. 通过不同作品的演奏,了解多元的音乐文化,巩固口风琴基本演奏方法,通过多种感官联动,激发情感体验,知道不同演奏速度、力度的变化在音乐表现中的作用,深化音乐的审美感知和体验; 2. 掌握口风琴的基本演奏技巧,能综合运用所学演奏技能,结合旋律、节奏、速度、力度、音色、和声等音乐要素,开展创意实践表演,激发学生的创造能力,表现对音乐的感悟和理解,表达不同的音乐感受; 3. 通过口风琴多声部的合作演奏,培养学生多声部音乐的表现能力、听觉感知能力以及合作意识、合作能力,提升学生的音乐记忆力、理解力、识谱力、演奏技巧等方面的音乐综合能力

年段	关键核心能力	阶段素养目标
五年级	1. 丰富音乐的表现手段、表现形式、逐步增强演奏的自信心、主动性，培养学生乐于与他人合作，与同伴互助交流的协作能力和艺术鉴赏力，增进对口风琴学习的兴趣； 2. 拓宽艺术视野，在体验、探索、表现与提升的实践过程，理解音乐作品的人文内涵，从记忆知识到应用知识转变，加深对音乐作品的理解，强化学生已有音乐表现力，增强综合探索与学习迁移的能力	1. 巩固口风琴的演奏技巧和方法，提升口风琴演奏的吹奏技巧，能在实践演奏中基本把握乐曲的节奏、速度与力度，有感情地演奏乐曲，体验音乐的节奏特点、旋律特点、情绪特点、风格特点，能在探究、表演、编创等艺术创造活动中展现个性和创意； 2. 在听觉上逐步建立"多声部"的概念，通过轮奏、合奏、创造活动，感受多声部合作演奏的乐趣，促进学生多声部音乐听觉能力和创造力的发展，运用口风琴不同的演奏形式，在实践演奏中形成独奏、轮奏与合奏的能力； 3. 在不同作品的演绎中，感受和理解音乐深厚的文化底蕴，领悟作品表现的意图和思想内涵，通过音乐感受的表达与他人交流，将音乐的内容、风格、技巧和结构等音乐表现要素内化理解，增强音乐感知、表现、鉴赏和创造的能力

（四）课程内容

1. 课程内容框架

《多彩口风琴》校本课程共有"口风琴是我的好朋友""快乐的五兄弟""我的口风琴会唱歌""我是小小演奏家"4个单元主题，设置了探、学、奏、练、想5个内容模块，课程学习内容与识谱视唱、作品赏析、唱奏表演、音乐创编等内容有机结合，从大单元视角，以结构化的方式加以组织，从激活学生音乐学习的感官经验，到任务探究实现音乐知识与文化的内化和迁移应用，将学科核心素养贯穿始终，学习内容梯度安排，分年段前后接续，知识技能成连续的体系，帮助学生对所学内容进行整体知识认知。课程内容框架如图2-1所示。

2. 课程单元内容结构

围绕单元主题，任务驱动，通过学习任务组织学习内容，强化课程内容的结构化，将每一个学习内容分解到各个单元学习任务中，形成任务序列，注重单元内与单元间整个内容体系内知识技能的关联，帮助学生更好地理解学科知识，经历从思考、表达、展示，到创造与合

第二篇　多彩口风琴　　　　　　　　　　　　　　37

作的成长过程,获得所需能力,提升核心素养。课程各单元内容结构分别如图 2-2 至图 2-5 所示。

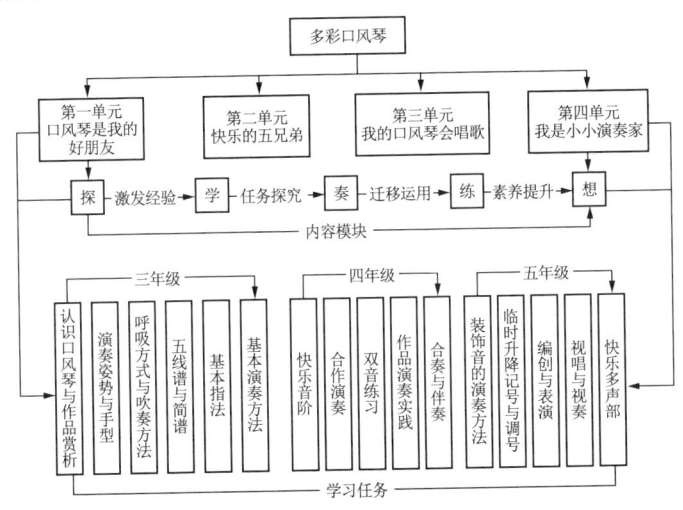

图 2-1　课程内容框架

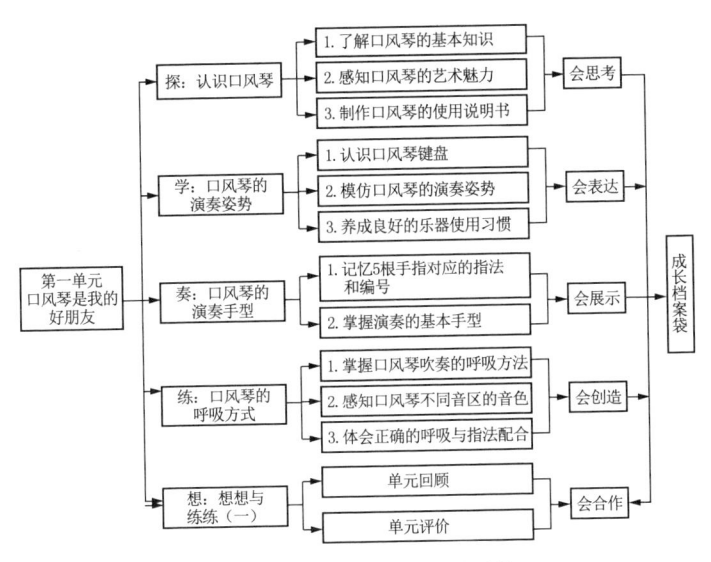

图 2-2　课程第一单元内容结构

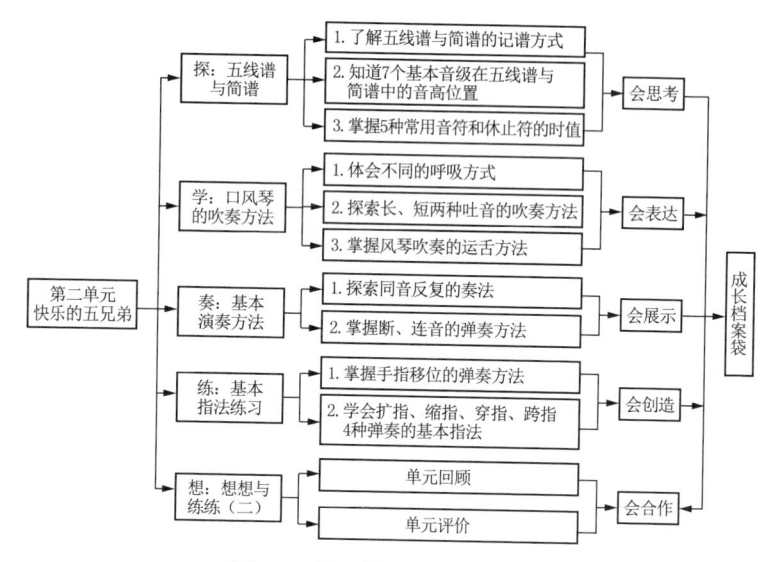

```
                    ┌──────────────┐   ┌────────────────────────┐
                    │探：五线谱    │──│1. 了解五线谱与简谱的记谱方式│
                    │与简谱        │──│2. 知道7个基本音级在五线谱与│──┐
                    │              │   │   简谱中的音高位置        │  │──会思考──┐
                    │              │──│3. 掌握5种常用音符和休止符的时值│  │          │
                    └──────────────┘   └────────────────────────┘              │
                    ┌──────────────┐   ┌────────────────────────┐              │
                    │学：口风琴    │──│1. 体会不同的呼吸方式      │              │
                    │的吹奏方法    │──│2. 探索长、短两种吐音的吹奏方法│──会表达──┤
                    │              │──│3. 掌握风琴吹奏的运舌方法  │              │
                    └──────────────┘   └────────────────────────┘              │  成
┌──────────┐      ┌──────────────┐   ┌────────────────────────┐              │  长
│第二单元  │──────│奏：基本      │──│1. 探索同音反复的奏法      │──会展示──┤  档
│快乐的五兄弟│      │演奏方法      │──│2. 掌握断、连音的弹奏方法  │              │  案
└──────────┘      └──────────────┘   └────────────────────────┘              │  袋
                    ┌──────────────┐   ┌────────────────────────┐              │
                    │练：基本      │──│1. 掌握手指移位的弹奏方法  │              │
                    │指法练习      │──│2. 学会扩指、缩指、穿指、跨指│──会创造──┤
                    │              │   │   4种弹奏的基本指法        │              │
                    └──────────────┘   └────────────────────────┘              │
                    ┌──────────────┐   ┌────────────────────────┐              │
                    │想：想想与    │──│       单元回顾          │──会合作──┘
                    │练练（二）    │──│       单元评价          │
                    └──────────────┘   └────────────────────────┘
```

图 2-3　课程第二单元内容结构

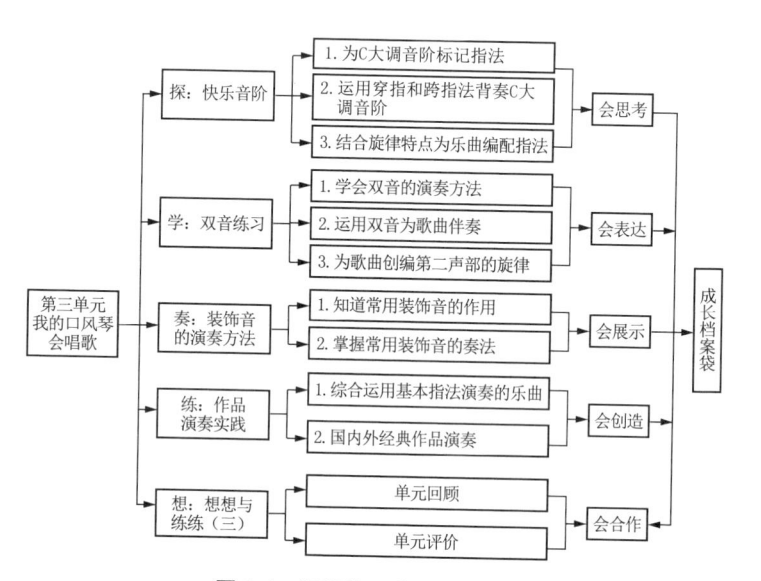

```
                    ┌──────────────┐   ┌────────────────────────┐
                    │探：快乐音阶  │──│1. 为C大调音阶标记指法     │
                    │              │──│2. 运用穿指和跨指法背奏C大│──会思考──┐
                    │              │   │   调音阶                  │
                    │              │──│3. 结合旋律特点为乐曲编配指法│              │
                    └──────────────┘   └────────────────────────┘              │
                    ┌──────────────┐   ┌────────────────────────┐              │
                    │学：双音练习  │──│1. 学会双音的演奏方法      │              │
                    │              │──│2. 运用双音为歌曲伴奏      │──会表达──┤
                    │              │──│3. 为歌曲创编第二声部的旋律│              │  成
┌──────────┐      └──────────────┘   └────────────────────────┘              │  长
│第三单元  │      ┌──────────────┐   ┌────────────────────────┐              │  档
│我的口风琴│──────│奏：装饰音    │──│1. 知道常用装饰音的作用    │──会展示──┤  案
│会唱歌    │      │的演奏方法    │──│2. 掌握常用装饰音的奏法    │              │  袋
└──────────┘      └──────────────┘   └────────────────────────┘              │
                    ┌──────────────┐   ┌────────────────────────┐              │
                    │练：作品      │──│1. 综合运用基本指法演奏的乐曲│──会创造──┤
                    │演奏实践      │──│2. 国内外经典作品演奏      │              │
                    └──────────────┘   └────────────────────────┘              │
                    ┌──────────────┐   ┌────────────────────────┐              │
                    │想：想想与    │──│       单元回顾          │──会合作──┘
                    │练练（三）    │──│       单元评价          │
                    └──────────────┘   └────────────────────────┘
```

图 2-4　课程第三单元内容结构

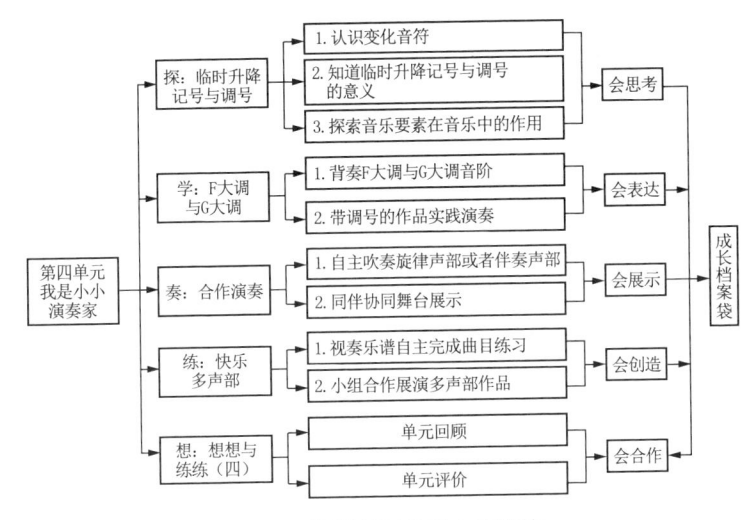

图 2-5　课程第四单元内容结构

(五) 课程评价

1. 学业质量评价标准

学业质量是学生在完成课程阶段性学习之后的学业成就表现,反映核心素养要求。基于《标准》,围绕核心素养内涵、课程总目标、分年段目标和课程内容制定口风琴课程学业质量评价标准,以核心素养的审美感知、艺术表现、创意实践、文化理解为主要维度,关注学生的学业水平和学生的音乐学科能力,明确学生需要达成的口风琴学习目标,促进学生的个性成长和全面发展。课程学业质量评价表见表 2-2。

2. 评价的形式

基于核心素养培育的理念,转变学业评价过于重视学业结果和知识技能的倾向,着眼于评价的诊断、激励与改善的功能,体现教学评一致。根据课堂学习和展示表演两方面,呈现多元化的课程评价方式,检验其成效和水平。同时结合平时的学习表现进行综合评价,建立口风琴学习成长档案袋,关注学生的可持续发展。

表 2-2　课程学业质量评价表

素养维度	评价观测点	评价标准	能力指向
审美感知	音乐要素 情绪情感 体裁形式	1. 能从节奏、节拍、旋律、音色、和声等要素辨析音乐旋律与音乐情绪变化，感知音乐要素对音乐的作用； 2. 能根据音乐要素辨别音乐的体裁、形式、风格，能较清晰的表明音乐特征； 3. 能感知音乐情绪，理解音乐内涵，演奏时能在情绪、情感、表现意境、音乐想象等方面能体现自己的想法； 4. 能感知音乐的体裁、风格、辨别不同的演奏形式； 5. 能感知口风琴不同的演奏形式的音响效果，描绘音乐表现的内容与塑造的情境	感知 记忆 辨别 理解
艺术表现	识读乐谱 乐器演奏 合作表演	1. 认识基本音符和符号，能正确辨识和演奏乐谱中的音符和记号，演奏做到节奏、音高基本正确； 2. 能用唱名视唱简单旋律，用合适的指法视奏旋律片段； 3. 演奏姿势正确，掌握口风琴演奏的基本方法和技能，能综合运用所学的知识技能进行演奏； 4. 能按照乐谱演奏，做到节奏、节拍、音高正确，情感表达准确、流畅，完整基本符合作品要求； 5. 正确的表现乐谱中的力度、速度、记号等，音乐乐句、乐段基本结构表达清晰； 6. 具有简单的多声部音乐表现能力，能在稳定的节拍下，运用口风琴不同的演奏形式，控制气息、力度，协同伙伴合作演奏	记忆 表现 感知 运用 协作
创意实践	指法编配 旋律创编 创意表演	1. 知道旋律创作的基本方法与规律，能即兴创编旋律，根据旋律特点编配合适的指法，并演奏； 2. 能联系生活实际，根据音乐情境和音乐表现需要，加入自己的理解，进行力度、速度、节奏的变化，增强演奏的表现力； 3. 运用已学的知识、技能、已有的学习经验，借助口风琴开展创意表演，在符合作品基本要求的基础上进行个性演绎和创意性表达，突出自主性和创造性	运用 创造 表现

续表

素养维度	评价观测点	评价标准	能力指向
文化理解	风格流派社会生活中的音乐	1. 初步具有辨识和理解部分地区、民族和国家不同风格、流派的代表性音乐典型特征和表现形式； 2. 能结合音乐表现的风格特征与创作的背景，理解音乐的文化内涵； 3. 通过演奏加深对多元音乐文化的理解，表述不同音乐文化的特征； 4. 能联系相关知识与文化对生活中的音乐与音乐现象做出一定的描述与分析	辨别 感知 理解

（1）口风琴学习成长档案。课堂学习中以"口风琴学习成长档案"的方式，从"学习兴趣""学习表现"和"学习成果"3个维度，对学生的思考、表达、展示、创造、合作5个方面获得的能力进行综合评价，分模块记录学生的成长点滴。课堂评价和阶段评价采用分项、等第和评语相结合的方式，对学生学习的真实表现及时评价，改善学生的学习，促进学生核心素养的提升。口风琴学习成长档案样例如图2-6所示。

（2）展演层级评价。展示表演以"挑战展演达人"的形式，通过每周一关、每月一比、每期一秀的层级挑战任务，以主动表演代替被动评价，从甄别功能转向激励功能，根据学生的学习意愿和现有能力划分层级，以定性评价和定量测评的方式相结合，由教师与学生投票选出每周、每月和每期的"展演达人"，根据学生的演奏表现给予层级评价，让学生清晰地知晓自己的演奏能力，在原有的基础上发展自己的潜能，激发自身的学习动力和演奏兴趣，从而调整后续的演奏。展演层级评价样例如图2-7所示。

班级：_____ 学生姓名：_____

	日常学习情况					期末评价		学期总评	
学业成果	评价模块	探	学	奏	练	想	音乐常识		音乐常识	
	考查内容	会思考	会表达	会展示	会创造	会合作	独奏		独奏	
							合奏		合奏	
	等第						伴奏		视奏	

	内　　容	自　评
学习兴趣	喜爱音乐，喜欢演奏口风琴	☆☆☆☆
	乐于参与各种形式的演奏活动	☆☆☆☆
	能以积极的状态专注演奏，表现自己	☆☆☆☆
	乐于与同伴分享喜爱的音乐，交流自己的演奏经验	☆☆☆☆

	内　　容	师　评
学习表现	知道注意手部和口腔清洁，爱护乐器，用琴整洁有序	☆☆☆☆
	能用和谐的音色、合适的音量，与人合作演奏	☆☆☆☆
	能即兴创编，演奏短小节奏和旋律	☆☆☆☆
	能评价演奏，听取意见，不断改进自己的演奏	☆☆☆☆

教师的话	

图 2-6　口风琴学习成长档案样例

班级： 姓名： 挑战曲目：				
目标层级	学习态度	演奏技巧	艺术表现	合作演奏
☆ 潜力级	在老师和同伴协助下参与展演活动	基本掌握口风琴演奏的方法，节奏、节拍基本正确	能演奏短小简单的音乐作品	能演奏主旋律中的乐句和骨干音
☆☆ 能手级	主动参与展演活动	掌握口风琴的演奏技巧，气息连贯，节奏、节拍、音高基本正确	能基本流畅地演奏稍具复杂的音乐作品	能担任简单二声部的演奏
☆☆☆ 达人级	积极主动参与展演活动	熟练掌握口风琴的演奏技巧，基本功扎实，吐音清晰，音色饱满，速度稳定、力度适宜	能背谱，自信有感情地演奏复杂的音乐作品	能担任多声部作品中任何声部的演奏
挑战结果	恭喜你挑战成功，成为　　级的挑战达人，真棒！			

图 2-7　展演层级评价样例

二、课程样张

课程资源是课程建设的基础，是实现课程目标和教育目的重要载体，也是课程教学实施的基本保障。《多彩口风琴》课程样张围绕课程框架、课程目标、以学生为主体，将口风琴课程与识谱唱歌、乐曲欣赏、唱奏表演、音乐创作等教学内容有机地结合起来，梳理基础音乐课程教材中适合学生吹奏、篇幅较为短小、旋律易奏，国内外经典优秀有鉴赏性、知识性和代表性的作品，兼顾作品间的关联性，通过选用、改编与新编 3 种形式，挖掘资源价值，统整课程资源。

(一) 版面设计

课程样张以卡通小乐手"彩色口风琴"带领小伙伴们学习口风

琴,畅游多彩音乐世界为主线,从卡通人物的视角,以活动任务探究的形式,调动学生的多种感官,将口风琴演奏的主要学习内容串联起来,语言生动且符合儿童趣味,适应小学阶段儿童的理解水平。"探""学"课程样张分别如图 2-8 和图 2-9 所示。

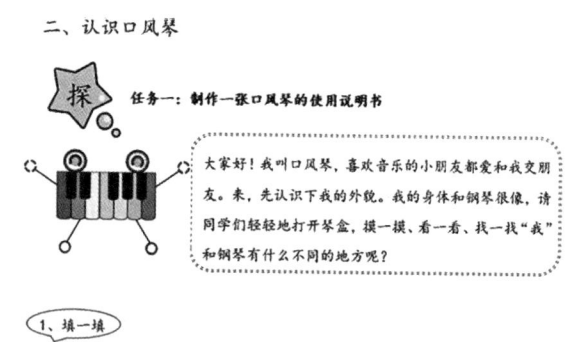

二、认识口风琴

任务一:制作一张口风琴的使用说明书

大家好!我叫口风琴,喜欢音乐的小朋友都爱和我交朋友。来,先认识下我的外貌。我的身体和钢琴很像,请同学们轻轻地打开琴盒,摸一摸、看一看、找一找"我"和钢琴有什么不同的地方呢?

1、填一填

乐器	组成部分	材质	体积
钢琴			
口风琴			

口风琴的组成

图 2-8 "探"课程样张

第二篇　多彩口风琴　　　　　　　　　　　　　　　　45

任务二：跟着音乐《口风琴是我们的好朋友》模仿口风琴的演奏姿势

怎样才能用口风琴演奏出美妙的音乐呢？在歌曲中藏着口风琴演奏的小秘密，你能找到这个小秘密吗？

1、找一找

图 2-9　"学"课程样张

（二）呈现形式

课程样张以主题单元的形式呈现，凸显样张的趣味性和探究性，将重点学习内容转化为学生更易理解的儿歌、喜欢的交互游戏、情境表演、趣味问答、演奏练习等实践活动形式，结合文字、图片、作品谱例、知识锦囊、演奏提示等，使枯燥的知识理论学习变得轻松有趣，便于学生在自主学习中理解学习内容，在实践体验中把握学习重点。"搭拱桥""知识锦囊"知识样张分别如图 2-10 和图 2-11 所示。

图 2-10 "搭拱桥"课程样张

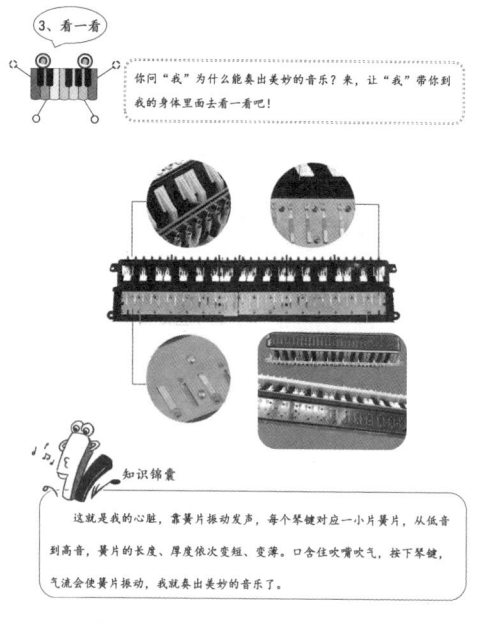

图 2-11 "知识锦囊"课程样张

（三）教学资源

课程教学资源既是知识、经验的载体也是课程实施的媒介。《多彩口风琴》校本课程教学资源可以作为基础型课程教材内容的补充资源，也可以作为学生自主学习口风琴演奏的学材。

基于课程内容的可操作性，关注资源对学生自主学习能力的培养，教学资源中呈现的音乐作品谱例，以五线谱与简谱两种形式呈现，充分体现口风琴在合奏上的优势，此外，还为每单元"奏"中的音乐作品创编了多声部和声，配套的作品示范演奏和伴奏，以二维码的形式呈现，便于同学们在课后自主练习，给不同学习基础的学生带来丰富的器乐学习体验。五线谱谱例与简谱谱例分别如图 2-12 与图 2-13 所示。

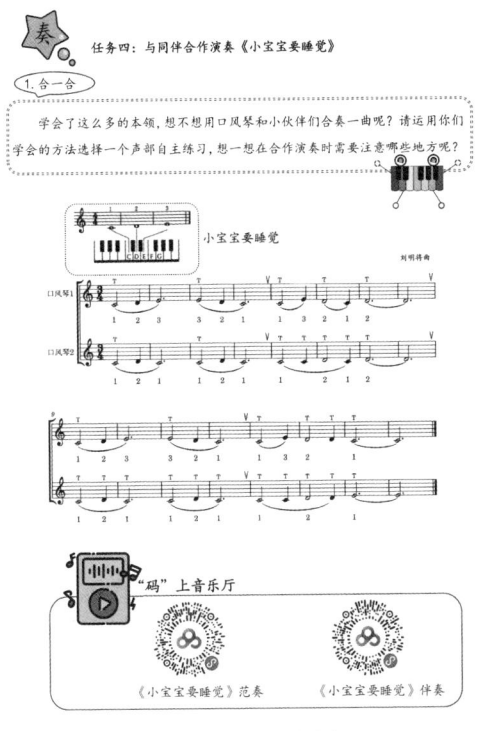

图 2-12　五线谱谱例

图 2-13 简谱谱例

(四) 评价形式呈现

课程样张的评价从学生的视角出发,以任务评价与阶段评价为主。任务评价采用自评、互评及他评相结合的方式,针对每个学习任务对应的评价要点,及时完成评价,反馈学生在学习中的真实表现。阶段评价则在每个单元的阶段学习之后以"成长记录单"的方式,根据学生的自身学习情况,以文字整理记录和自我评价的形式,记录学生学业成长的阶段点滴。"任务评价""成长记录单"课程样张分别如图 2-14 和图 2-15 所示。

第二篇 多彩口风琴   49

5. 做一做

你有没有和口风琴交上朋友呢？请同学们开动脑筋，根据你对这位新朋友的了解，自己动手做一张口风琴的使用说明书，用你自己的方式来介绍我们的音乐好伙伴"口风琴"吧！

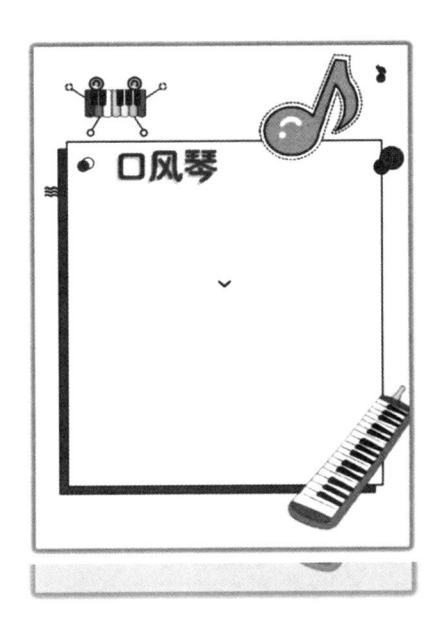

图 2-14 "任务评价"课程样张

🎼 口风琴是我的好朋友

♩ 我能演奏本单元中的：

＿＿＿＿＿＿＿＿＿＿＿＿＿＿＿

♪ 现能熟练演奏：

＿＿＿＿＿＿＿＿＿＿＿＿＿＿＿

♪ 本单元收集的知识卡片有：

＿＿＿＿＿＿＿＿＿＿＿＿＿＿＿

♪ 我挑战了＿＿＿＿＿任务，共收获＿＿＿★

探 ★ ★ ★ ★ ★
学 ★ ★ ★ ★ ★
奏 ★ ★ ★ ★ ★
练 ★ ★ ★ ★ ★
想 ★ ★ ★ ★ ★

♪ 本单元共25颗星，20颗星以上的同学即可获得开启音乐宝库的钥匙，摘取一枚"小小音乐家"的音乐奖章！

图 2-15 "成长记录单"课程样张

第三章　单元实施方案

课程实施是将课程计划付诸实践的过程,是落实课程目标的基本途径,也是课程建设的重要环节。《多彩口风琴》共有4个主题单元,内容梯度渐进,由浅入深,围绕单元主题设置了"探""学""练""奏""想"5个内容模块,将需要培养的学科核心素养的融入学习任务之中,通过导任务、探新知、学本领、会实践、提素养等环环相扣的探究式任务加以实施,每个学习活动任务环环相扣,为下一个阶段学习做好进阶知识积累。下面以第二单元《快乐的五兄弟》为例介绍单元实施方案。

一、单元教学内容

(1) 趣味五线谱与简谱的识记。

(2) 学习右手演奏技巧。

(3) 多声部作品弹奏实践。

二、单元学情分析

在第一单元的学习中,学生已经初步建立了口风琴学习的课堂常规,养成了良好的口风琴使用习惯,知道了口风琴演奏的基本方法,并通过简单的五音以内乐曲的吹奏,初步体会了正确的呼吸与手指的配合,有了一定的团队合作的意识。本单元将围绕"快乐的五兄弟"主题,在激发和培养学生对口风琴学习兴趣的基础上,学习口风琴的演奏技巧,培养学生多声部的内心听觉能力,让学生在口风琴不同形式演奏活动中体验音乐的美感。虽然学生多乐于参与合作演奏，但在多声部的合作演奏中还需关注其对聆听以及同伴互助倾听习惯的培养。

三、单元教学目标

（1）巩固口风琴演奏的基本吹奏方法，了解五线谱与简谱的记谱方式，学会口风琴基本的演奏技巧与运舌方法。通过任务探究活动，激发学生思维的多样性，引导学生将所学知识用于实践。

（2）在聆听、欣赏、吹奏、表演的体验活动中，感知音乐的基本要素，感受音乐表达的情绪、意境并产生共鸣，在体验和理解音乐文化内涵的基础上，借助口风琴不同的演奏形式，表现对音乐的感悟和理解，逐步建立演奏的自信心。

（3）通过合作演奏、为歌曲伴奏、多声部作品弹奏等实践活动，培养学生的合作意识和多声部的内心听觉经验，体验音乐的和声之美，尝试根据音乐旋律特点，运用所学演奏技巧为乐曲片段编配弹奏指法。

四、单元实施安排

本单元的学习主题为"快乐的五兄弟"，从学生已有的学习经验出发，从最基础的五指练习到多声部作品演奏，引导学生在"探""学""奏""练""想"的任务探究中将所学演奏技巧能运用于实际演奏之中，在完成不同学习任务的同时达成本课的教学目标，获得所需的音乐能力。单元实施安排见表2-3。

表 2-3 单元实施安排

单元主题	主题任务	学习内容	建议课时
第二单元 快乐的五兄弟	探：五线谱与简谱	1. 情境故事《小音符的家》； 2. 创意表演《快乐的五兄弟》	1
	学：口风琴的吹奏方法	1. 气息的强弱、长短控制《风和雨》； 2. 长、连音吹奏练习《五月里》； 3. 吐音练习《乃哟乃》	3
	奏：口风琴基本演奏方法	1. 一音多奏《母鸡叫咯咯》； 2. 手指移位《青蛙的合唱》	2
	练：基本指法练习	1. 扩指、缩指练习《黄昏》《快乐的诺苏》； 2. 穿指、跨指练习《小步舞曲》； 3. 合奏《可爱的家》	4
	想：展演小舞台	综合展演《我是快乐的小乐手》	1

五、单元评价

评价活动是对单元教学的检验，在本单元，创设"我是快乐的小乐手"音乐展演情境，以展演小舞台的形式，进行本单元的综合评价活动。学生可以根据自己的兴趣、意愿选择参加其中一项任务。根据学生的表现，充分运用学生自评、生生互评、教师点评等方式给予分级评价，对照评价表中的具体表述，综合评价学生音乐能力和素养，观测学生能否在新的情境中运用音乐知识，并将累积的星数转化为等第标准完成评价。音乐展演评价样例如图 2-16 所示。

班级＿＿＿＿ 姓名＿＿＿＿			
参与小组	□演奏组	□编创组	□合奏组
自评			
☆ ☆	乐于参与展演活动,能在音乐展演中积极表现自己。		
☆ ☆	能根据作品特征,为自己的展演设计清晰、合适的解说词,并自信、流畅地在同学和老师面前表达。		
互评			
☆ ☆	小组合作演奏配合默契,能够关注对方声部并及时修正演奏。		
☆ ☆	能在合作演奏中选择一个声部,用和谐均衡的音量协同表演并相互评价。		
师评			
☆ ☆	能完整、流畅地背奏乐谱,吐音清晰,指法规范,节奏、音高正确,情感表达准确,符合作品意境。		
☆ ☆	能根据作品特点加入自己的想法,进行力度、速度、节奏的变化,进行创意演奏。		
☆ ☆	能综合运用4种指法,为乐曲片段创编合适的指法并演奏。		
等第转换标准:12～14☆优秀;9～11☆良好;5～7☆合格;0～4☆须努力			

图 2-16 音乐展演评价样例

第四章　课堂实践案例

课堂教学是课程实践研究的主阵地,学科核心素养要在课程教学中落地,课堂教学是关键。核心素养侧重学生的能力发展,指向的是能力表现,是能解决问题的关键能力。核心素养导向的校本课程《多彩口风琴》,聚焦学科关键能力的培养,教学实践融入"以奏促能"的教学理念,主要教学实施的目标不再仅仅是完成演奏为目的的教学,而是通过指向音乐关键能力的进阶学习,运用习得的知识和技能,达到学以致用目的。以第二单元"快乐的五兄弟"中《黄昏》一课为例。

一、教学设计

【课题】

《黄昏》。

【课时】

《多彩口风琴》第二单元《快乐的五兄弟》第七课时。

【教学内容】

(1) 手指移位练习。

(2) 口风琴演奏《黄昏》。

【教学目标】

(1) 能积极主动参与口风琴吹奏活动,养成良好的课前练习习惯,在体验、欣赏、吹奏、探究、合作等实践活动中,体验口风琴吹奏的快乐,感受音乐抒情优美的情绪,理解音乐内涵,体会歌曲所表达的傍晚宁静、优美的意境。

(2) 能联系生活实际,在创设情境中模拟钟声,探索口风琴连续长音的呼吸方法,结合讲解示范,了解扩指法的技术要领,在对比演奏实践中掌握演奏技巧,学会运用扩指法演奏歌曲《黄昏》。

(3) 在师生合作、同伴互助下,用口风琴二部轮奏的方式演奏歌曲《黄昏》,表现歌曲的意境,体验合作演奏的乐趣。

【教学重点】

控制气息,用正确的指法,优美的音色,连贯、流畅的声音吹奏《黄昏》,表现优美、静谧的黄昏意境。

【教学难点】

根据歌曲的表现意境,融入自己的理解,借助口风琴不同的演奏形式合作演奏《黄昏》,感受二声部合奏的和谐之美。

【育人立意】

通过多声部作品吹奏帮助学生建立良好的听觉经验,体会合作演奏的乐趣,在合作演奏中,理解音乐情感内涵,表达内心对大自然的热爱和对美好生活的赞美之情。

【评价环节与要求】

评价环节与要求见表2-4。

表2-4 评价环节与要求

评价环节与内容	评价要点	评价形式	目标指向
评价环节一:手指移位练习	用正确的演奏姿势和指法主动完成课前准备练习	自评	目标1
评价环节二:模拟钟声	联系生活实际,用不同的方式模拟钟声	互评	目标2
评价环节三:演奏《黄昏》	用平稳连贯的气息、规范的指法,吹奏全曲	师评	目标2 目标3
评价环节四:合奏《黄昏》	综合运用所学知识、技能和创造性思维,开展合作演奏	自评 互评 师评	目标3

【教学过程】

(一)完成课前活动任务

1. 复习乐曲

复习乐曲《小宝宝要睡觉》。

2. 手指移位小练习

完成手指移位小练习,五线谱如图2-17所示。

图2-17 手指移位小练习五线谱

3. 合作吹奏

合作吹奏《小宝宝要睡觉》。

4. 评价环节

评价要点:能自主吹奏完成课前准备练习,养成良好的课前吹奏习惯。

> **教学说明**
>
> **学习要点**:按照课前学习任务单的要求完成课前准备练习。
>
> **设计意图**:通过自主吹奏,巩固口风琴的演奏姿和势呼吸方法,复习口风琴五音内顺指法的指法与手指移位的弹奏方法,激活已有学习经验,为后续学习口风琴吹奏做好知识储备。在合作演奏中,检测上节课的学习情况,培养学生多声部的合奏能力,初步建立多声部的内心听觉能力。

(二) 创设情境,模拟教堂钟声

1. 创设情境

想象黄昏美景,聆听教堂的钟声,用不同的方式模拟教堂的钟声。

关键设问:美妙的钟声敲响了几次?
　　　　　我们可以用什么方式模拟钟声?

2. 小组合作探究

小组合作探究"吹纸条"。

思考:用不同的力度吹纸条,观察纸条的变化。
　　　如何让吹动的纸条长时间保持在一个高度不变。

3. 口风琴吹奏

口风琴吹奏钟声,五线谱如图 2-18 所示。

图 2-18 钟声五线谱

> **教学说明**
>
> **学习要点**:用不同的方式模拟钟声,体验平稳、连贯的呼吸方式。
> **设计意图**:通过创设情境,感知音乐的特征,引导学生联系生活实际,用多种方式模仿钟声。在吹纸条的活动中,自主探究连续长音的呼吸方法,在解决问题的过程中思考如何控制气息,运用连贯的声音表现钟声。
> **评价要点**:能联系生活实际,用不同的方式模拟钟声,学会运用口风琴深吸、慢吐的呼吸方法表现钟声。

(三)演奏《黄昏》

1. 聆听与感受

关键设问:歌曲前两个乐句旋律有什么特点?

　　　　　可以用我们之前学习过的什么指法来演奏呢?

2. 随琴视唱

随琴视唱《黄昏》一、二乐句旋律,五线谱如图 2-19 所示。

图 2-19 黄昏一、二乐句五线谱

3. 师生接龙演奏

关键设问:老师弹奏的指法和你们一样吗?

第二乐句旋律中的"Mi"音可以用几指弹奏?

4. 探究扩指的弹奏方法

关键设问:扩指法与手指移位的弹奏方法有什么区别?

5. 评价环节

评价要点:综合运用顺指法、扩指法和手指移位的弹奏方法吹奏黄昏的前两个乐句。

教学说明

学习要点:主动探究扩指法的弹奏方法。

设计意图:通过整体聆听体会黄昏意境,为演奏《黄昏》做好情感铺垫。通过视唱乐谱熟悉旋律,提高学生的基本音高、节奏的认知,感知音乐旋律的特点,引导学生运用已经掌握的知识与技能迁移到口风琴演奏的学习之中,在接龙演奏中,激发学生主动思考的学习兴趣,在对比演奏中发现问题,引发学生思考扩指法的弹奏方法。

6. 完整演奏

关键设问:你能根据演奏要领对自己或同伴的演奏进行评价吗?

演奏要领:①找音准确;②指法正确;③气息平稳;④音色轻柔、优美;⑤乐句连贯。

7. 评价环节

评价要点:指法正确、乐句连贯、能控制音量,用均匀平稳的气息、加入合适的力度表现黄昏的优美意境。

> **教学说明**
>
> **学习要点**:综合运用所学知识,完整吹奏全曲。
> **设计意图**:通过明确的演奏要领引导学生的学习表现,在实践演奏中完成知识的运用和迁移,综合运用所学知识技能表现音乐意境。在互助评价中发现不足,提升自身的演奏能力和审美能力。

(四) 合奏《黄昏》

1. 欣赏二部轮奏《黄昏》

关键设问:合作演奏的黄昏带给你怎样的感受呢?

2. 讨论并总结轮奏特点

师生共同讨论,总结轮奏的特点。

3. 同伴合作探究轮奏

思考:两个声部间隔几个小节音响效果最为和谐?
　　　结尾乐句两个声部如何同时结束能更好地表现歌曲意境?

4. 小组合作轮奏

小组合作轮奏《黄昏》。

5. 合奏《黄昏》

关键设问:除了用二部轮奏的形式表现《黄昏》,我们还能用怎样的方式来表现不同的黄昏意境呢?

(1) 分组讨论用不同的方法演奏黄昏。
(2) 加入《小宝宝要睡觉》的旋律,体验"异曲同奏"的艺术魅力。
(3) 自主选择合适的方式合作演奏,体验合作演奏的快乐。
(4) 分组表演,共同评价。

6. 评价环节

评价要点:能根据音乐意境,融入自己理解,与伙伴用不同的方式表现不同的黄昏意境,完成合奏学习活动评价。

> **教学说明**
>
> **学习要点**:尝试用不同的方式表现歌曲《黄昏》,体验合奏演奏的乐趣。
>
> **设计意图**:通过口风琴二部轮奏,体验轮奏带来的此起彼伏,连绵不断的音响效果变化。在师生合作,生生合作的演奏过程中,丰富学生的演奏体验,感受二声部合奏立体和谐的和声之美。在知识技能的有效运用中,通过异曲同奏的合作演奏,进一步表现自我对音乐的理解。

(五) 总结

【教学流程图】

教学流程图如图 2-20 所示。

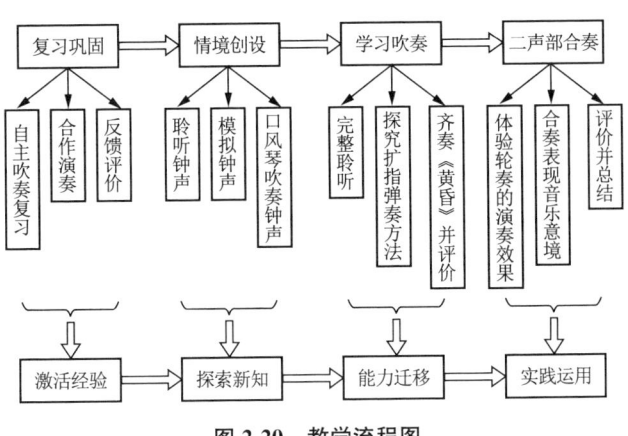

图 2-20 教学流程图

二、教学策略及反思

(一) 主要教学环节与策略

基于课程整体知识框架,围绕单元主题,结合本课的教学内容,从连续进阶的任务驱动、以评促学提升学生能力发展两方面小结本课的教学策略。

1. 任务驱动,构建学习能力进阶

新知的学习是建立在旧知识的基础上的,激活已有经验,能更好地构建知识架构,促进学习能力的提升。本课通过复习巩固激活经验、情境创设探索新知、任务探究能力迁移、合作演奏实践运用 4 个主要学习任务,层层递进构建学习能力的进阶。从巩固复习的课前准备任务建立已学知识联结,通过自主探究、实践体验的口风琴吹奏任务获得的新知,达成在同伴合作、多声部综合演奏的活动任务中,综合运用习得的知识和技能解决问题的能力,促进学习能力的进阶上升。

2. 以评促学,迭代反思

课堂评价是课堂教学的重要组成部分,是对目标达成度的检验。本课以能力发展作为教学评价依据,学生的学习评价贯穿始终,旨在通过评价引导学生的学习表现,达到自我诊断、自我反思的学习效果,促进学生的学习能力发展。

在合奏演奏的任务中,从学习兴趣、协同合作、创意实践 3 个方面设计了 3 个评价要点:①乐于参与合作表演,能在音乐表演中积极表现自己;②小组合作演奏配合默契,能够关注对方声部并及时修正自己的声音,用和谐均衡的音量协同演奏;③能与同伴一起尝试创编不同的形式表现音乐,体验合作演奏的乐趣。并根据评价反馈及时给予学生学习指导,通过评价激发学生的发展潜能,完善学习方法,反思自身不足,提升学习能力。

(二) 教学反思

1. 创设任务情境,改变学习方式

任务是对学习内容的有效组织和安排,本课通过任务式学习方式激发学生的主观能动性,以问题为导向,将知识点和重难点转化为关键问题,引发学生主动思考,转变学生的学习方式,让学生带着问题进行探究、学习,通过自主学习、合作学习,使学生在解决问题的同时把握重点,在完成不同的学习任务中,习得方法,积累经验。教师的主要任务是为学生提供内化所思的契机,引导学生对逐渐积累起来的音乐知识、技能、观念等加以归纳和整理,将所学知识在真实和复杂情境中进行迁移和实践运用。

2. 注重实践体验,开发创造潜能

实践体验是学生获得审美体验的基本途径,是提升音乐素养的有效办法。每个人的音乐感受是不同的,在实践体验中应该发展对音乐的不同理解,让学生从不同的角度获得体验,鼓励学生根据自己的理解,用不同的方式表现音乐,为创造实践提供更多发展空间。本课通过齐奏、轮奏与合奏的实践演奏,在感受二声部合奏的和谐之美,丰富学生的演奏体验中,进一步鼓励学生根据音乐意境,融入自己理解,表现自我对音乐的理解,在实践、体验、表现、创造音乐的过程中实现对学生学科核心素养的培养。

参考文献:

[1] 彬彬. 教师开发利用课程资源研究[D]. 长春:东北师范大学,2015.

第三篇　小鲤畅游口风琴

　　严佳慧,上海市徐汇区上海小学,工作10年,毕业于上海音乐学院音乐教育专业。

　　曾荣获徐汇区见习教师规范化培训基本功大赛二等奖,徐汇区中青年教师课堂评比二等奖。承担2020年秋季小学音乐学科上海市"空中课堂"第三单元第六课音响小品《劳动乐》。指导学生团队获得徐汇区合唱比赛二、三等奖等。

第一章　导　语

器乐演奏对于激发学生学习兴趣,提高音乐的理解、表达和创造能力有着十分重要的作用,是小学音乐教育重中不可或缺的组成部分。器乐演奏能有效提高学生的理论知识、演奏能力,提升学生的审美能力与音乐素养。学习口风琴演奏可以有效地提高学生识谱和弹唱的能力,给予学生学习音乐的乐趣与信心,也可成为小学音乐课堂教学中的突破口,让课堂拥有更多的可能性,开展更丰富的音乐教学项目。

然而,器乐教学的实施存在着诸多的困难与问题,如学校器乐教学的设备资源短缺、教师缺少相关的课程体系支持、缺乏相关教学教材曲目安排混乱等。为解决实际教学中遇到的问题与困难,展开相应的研究与思考,设计者于上海小学,实施开展了《小鲤畅游口风琴》的校本课程建设,探索器乐校本课程的落实与实践,为读者开展小学低年段器乐教学提供有价值的信息。

第二章　课程设计

一、课程框架

校本课程的开发与建设是基于学校特色以及实际情况,结合"双减"的全面推进的大背景,探索传统课程外,符合学生发展定位的艺术教学方式的有效举措,也是满足学生日益增长的艺术学习需求的重要组成部分。基于学校器乐教学的现状,口风琴作为一种完美结合了吹奏、弹奏乐的特点且拥有固定音高的键盘鸣簧乐器成了我校器乐教学的首选。

结合以上背景,在学校"五育并举"的教学理念的引领下,充分运用学校各类资源,以游戏化的教学带领学生展开口风琴器乐演奏的学习,在学校"快乐活动日"的二年级课堂上进行实施研究。设计者在编制课程总目标之后,细化阐述了课程的分段目标,结合学校 PBl 教学研究以及教学评价的研究进行了详细的呈现。

(一) 背景分析

我校学生参加各类艺术活动兴趣浓厚,学习积极性高,随着素质教育的不断推进以及新课程的不断深化与改革,学生综合素养普遍提高,艺术学习需求日益增加。依托名师工作室以及"快乐活动日"初次尝试低年段——二年级——开展器乐进课堂的教学。

《义务教育艺术课程标准(2022 年版)》(以下简称《标准》)音乐学科课程框架中提出,"学生掌握声乐、器乐、综合性艺术表演所需的基础知识和基本技能,在艺术表现中表达思想和情感,丰富音乐活动经验,提升艺表现素养。"由此可见,器乐教学能有效提高学生的理论知识、演奏能力,提升学生的审美能力与音乐素养。对于初学者尤其是小学低段的学生来说,口风琴的演奏运用的是与歌唱相似的呼吸方式,指法简单,学习弹奏也相对容易,无需高难度的技巧,还可以依托口风琴演奏进行多样化的音乐活动,激发学生的学习欲望,培育其良好的品德以及多方位地提升学生的音乐核心素养,满足当代对学生美育教育的多样性需求,丰富小学音乐教学活动与种类,符合我校的实际情况与学生需求。

(二) 课程理念

基于课程背景,设计者进行了"小鲤畅游口风琴"的校本课程研发,通过课程深化审美意识、丰富审美情趣、提升学生音乐的认知能力,加强音乐实践与表达的能力。在小学低年段通过实施"游戏化"的器乐教学,以丰富多彩的游戏提供教学的可操作性,提高学生的理论知识、演奏能力,给予学生学习音乐的乐趣与信心。开展更丰富的音乐教学项目,可成为小学音乐传统教学课程外的突破口,让教学拥有更多的可能性,从而助力培养学生音乐核心素养以及良好品德。

(三) 课程目标

1. 课程总目标

(1) 音乐素养。依托口风琴在小学教学的实践,结合低年段认知能力以及生理、心理发展的规律特点,开展科学有效的课程教学,培养小学生良好的音乐感知能力和基本演奏技能,提升学生的音乐素养。

(2) 审美感知。依托快乐活动日(周五的大活动课),初步设计实践我校口风琴校本课程体系,明确学习目标,让学生感知口风琴演奏的魅力,增强其审美能力。为不同能力水平的学生分层安排适当、有趣的口风琴音乐活动,培养学生合作学习的能力。

(3) 艺术表现。尝试开发课程配套资源,并根据学生学情优化器乐课程结构,凸显课程的梯度、层次,为学生搭建器乐课堂、各类校本活动、艺术月展演等多维度平台,激发学生对音乐的学习兴趣与探索欲望,提高我校器乐教学的水平。

(4) 在实施口风琴教学的过程中研究其教学策略与环节以及评价。在课堂中丰富完善对学生的反馈、评价维度,有针对性地评价与指导,根据学生学情与实际教学反馈创设多元性与过程性评价,完善教学的评价标准、方式。

2. 分年段目标

分年段课程目标见表3-1。

表 3-1　分年段课程目标

二年级第一学期	审美感知	1. 乐于体验口风琴作品的魅力，能安静聆听欣赏音乐作品； 2. 能够感知作品的情绪、音乐形象等音乐要素，积极表达自己对音乐作品的感受
	知识能力	1. 认识口风琴，了解口风琴的构造与保养常识，建立初步的口风琴课堂教学常规与正确手型意识、键盘音区概念； 2. 认识键盘，学习正确的呼吸技巧以及正确的演奏手型； 3. 认识全音符、二分音符、四分音符以及八分音符，能根据节奏与唱名提示，演奏短小简单的曲目
	表现与态度	1. 能积极参与演唱、演奏、节奏游戏等各类活动，形成良好的学习习惯，能自信大方、投入地进行表演； 2. 愿意与老师、伙伴交流分享自己的感受，能友善、乐观互助地完成各类活动，能与伙伴一起合作表演
二年级第二学期	审美感知	1. 能投入地聆听欣赏音乐作品，乐于分享自己的感受与体验； 2. 能够感知作品的节拍、旋律特点以及情绪、音乐形象等音乐要素，能在教师的帮助下初步分析作品
	知识能力	1. 能进一步掌握呼吸技巧，演奏出连音和跳音，有感情地进行演奏； 2. 练习掌握穿指、跨指、连音、跳音的演奏技巧； 3. 进一步提高音乐理论知识的学习，认识休止符、♯、♭等记号并初步学习五线谱与简谱，能独奏或与伙伴进行合作演奏
	表现与态度	1. 能积极参与课程内容，有一定的规划意识，能自信大方参与各类活动、表演，注重学生个体，提升学生的表演能力与综合素养； 2. 愿意与老师、伙伴交流分享自己的感受，能友善、乐观互助地完成各类活动，能与伙伴一起合作表演，并能正确评价自己或伙伴的表现

（四）课程内容

《小鲤畅游口风琴》课程适用于二年级，时长为一学年，每个学期设置 4 个模块。基于学生认知进行音乐欣赏、音乐理论及口风琴演奏、表演等活动，从零开始、由易到难，以"游戏化"的教学理念为学生提供口风琴演奏的学习平台。课程内容框架见表 3-2。

表 3-2　课程内容框架

	内容名称	技能序列	预计课时
第一学期 模块一	爱护我的口风琴	1. 欣赏口风琴的表演视频以及教师的表演,感知口风琴的魅力; 2. 初步认识口风琴,了解口风琴的构造以及发声原理; 3. 知道口风琴可分为坐奏式、站奏式,知道口风琴的吹管如何连接	2
第一学期 模块二	口风琴吹奏初体验	1. 尝试进行口风琴吹奏,知道口风琴发声是依靠演奏者进行吹气; 2. 手型的建立与练习,了解口风琴演奏的手型以及演奏的动作,初步在平面上进行练习; 3. 进行长、短单音吹奏的练习	2
第一学期 模块二	吹奏我的口风琴	1. 进一步尝试气息的控制完成单音的简单练习曲; 2. 认识白键、黑键,知道音位 Do,并了解手应该摆放的位置,并尝试演奏单音 Do	1
第一学期 模块二	吹奏我的口风琴(二)	1. 进一步探索知道键盘类乐器 12 个音的排列方式是基本固定的; 2. 认识 Do、Re、Mi 的唱名谱,并尝试在 Do 的音位上完成 Do、Re、Mi 3 个音的演奏	2
第一学期 模块二	手位练习(一)	1. 认识四分音符、二分音符与全音符,能准确拍击节奏,掌握音符时值; 2. 认识高音谱号; 3. 进行 1、2、3 指的练习	2
第一学期 模块二	曲目演奏	1. 认识五线谱和简谱的 Do、Re、Mi; 2. 学习 4~5 个初级难度的作品; 3. 根据学习情况尝试站奏式	2
第一学期 模块三	手位练习(二)	1. 认识八分音符,掌握更多的节奏组合。例如切分、附点等特殊节奏型; 2. 认识 Fa、Sol 两个音,尝试 4、5 指的弹奏	2
第一学期 模块四	曲目演奏	1. 能演奏 4~5 个短小的口风琴曲目; 2. 小组合作或师生互动尝试合作演奏,也可以与音频、钢琴或其他乐器进行配合; 3. 课程展演	2

续表

	内容名称	技能序列	预计课时
模块一	回顾与复习	回顾第一学期音乐知识与演奏技巧、曲目	1
模块二	认识休止符	1. 认识全休止符、二分休止符、四分休止符以及八分休止符,并能在演奏中运用; 2. 进行休止符的吹奏的练习,进一步练习气息的控制	2
	手位练习（三）	1. 认识音位 La、Si、Do′,能视唱、听辨这3个音; 2. 学习穿指与跨指,并尝试练习,学习短小的练习曲目; 3. 尝试演奏 C 大调的音阶	2
模块三	初识音乐记号	1. 认识连音、跳音记号; 2. 尝试演奏相关作品	2
	识谱练习（一）	1. 初步认识五线谱; 2. 知道 Do、Re、Mi、Fa、Sol 在五线谱中的位置,并能准确演奏	2
	曲目演奏	识读五线谱,学习3~5个初级难度的作品	2
模块四	识谱练习（二）	1. 认识 La、Si、Do′在五线谱中的位置,并能准确演奏; 2. 能视唱、听辨 La、Si、Do′3个音	2
	曲目演奏	1. 能演奏4~5个短小的口风琴曲目; 2. 能多样化地演奏已掌握的曲目,进行展演	3

（第二学期）

以课程第二单元"小鲤吹奏初体验"为例,各任务及具体内容如下。

1. 任务一:爱护我的口风琴

（1）学:①认识口风琴吹管;②知道吹管的使用与保养方式。

（2）玩:①自主探究组装吹管;②保养小漫画。

（3）练:能熟练拿取乐器,组装吹管。

（4）评:学生自评。

2. 任务二:口风琴吹奏初体验(一)

（1）学:①学习正确的手型,知道手指的指法名称;②初步知道控制气息的方法。

(2) 玩：①蚕宝宝吐丝；②吹蜡烛。

(3) 练：手型操。

(4) 评：学生自评、互评。

3. 任务三：口风琴吹奏初体验（二）

(1) 学：①认识音符 Do，知道 Do 在口风琴上的位置；②知道单吐法，能用正确音符时值吹奏单音 Do 的小练习。

(2) 玩：①认识音符 Do；②回声小游戏。

(3) 练：①单音小练习；②《轮船之歌》。

(4) 评：学生自评、互评。

4. 任务四：口风琴吹奏初体验（三）

(1) 学：①认识音符 Re、Mi，知道音符在口风琴上的位置；②能准确演奏 Do、Re、Mi 构成的小练习与曲目《玛丽有只小羔羊》。

(2) 玩：①认识音符 Re、Mi；②回声小游戏（二）。

(3) 练：①三音小练习；②《玛丽有只小羔羊》。

(4) 评：学生自评、互评。

(五) 学业质量评估标准

在口风琴学习的过程中学生学习掌握的不仅仅是器乐的演奏和音乐的理论，还贯穿着学习的习惯、学习的兴趣、团队的合作等多个方面。因此设计评价板块分别为表现型评价（音乐理论、演奏技巧）、过程型评价（学习兴趣）以及发展型评价（学习兴趣、团队合作），并对应转化为学生喜爱、接受的评价方式。

1. 表现型评价：我是小小演奏家

这一板块是显性的，基于音乐知识、演奏技巧、课程内的舞台表演等教学活动。

每一单元设置一份单元学习评价单，每个单元的评价单，最终制成学习评价手册。表现型评价样例如图 3-1 所示。

	我会看 (识谱)	我会唱 (视唱)	我会奏 (演奏技巧)	我会演 (曲目表演)
★★★★★ (星级评价)	我能熟练地认出 Do~Do' 在五线谱上的位置,并独立且正确地识读五线谱上的音高与节奏	我能独立视唱简单的旋律,并能正确地听辨单音的音高	我能以正确的坐姿、站姿以及标准的演奏手型进行弹奏	我能投入、大方地进行口风琴演奏,表演多首口风琴短曲。也能和伙伴、老师合作进行形式丰富的表演
	(此版块以自评、师评为主)	(此版块以自评、师评为主)	(此版块以自评、师评为主)	(此版块以互评、师评为主)

图 3-1 表现型评价样例

2. 过程型评价:勤学苦练小能手

这一板块可以凸显学生的自身能力进步,关注个体的差异。

积累"智仁勇"小鲤鱼图章可以兑换小礼物或明星小鲤徽章,用于日常练习的激励。过程型评价样例如图 3-2 所示。

	日常小练习 (基础练习)	演奏我能行 (曲目练习)
小鲤鱼 图章打卡 	1. 我能认真、积极地完成课堂中的手指练习; 2. 我能坚持完成打卡居家小练习 (此版块以自评为主)	1. 在课堂中我能认真学习课堂中的口风琴曲目; 2. 我能通过课堂练习以及课后练习,完整且熟练地演奏课堂中的口风琴曲目 (此版块以自评、师评为主)

图 3-2 过程型评价样例

3. 发展型评价:音乐表演小达人

这一板块依托各类平台的表演活动,以学会学习兴趣、表演能力与团队合作能力也为主要评价内容。发展型评价样例如图 3-3 所示。

	学习兴趣	互助合作
★★★★★ （星级评价）	1. 我喜爱音乐，喜欢演奏口风琴。 2. 我参与了××互动。 （此版块以小组互评为主）	1. 我能和伙伴们愉快的合作，互相帮助、互相督促，一起快乐成长。 （此版块以小组互评为主）

图 3-3　发展型评价样例

二、课程样张

随着新课程的不断深化和改革，对课程的要求也在不断提高。《标准》中提出，"课程要具有审美性、情感性、实践性、创造性、人文性等特点"。面对学生日益增长的艺术学习需求，开发器乐教学相关的课程使其适宜当代学生的学习需求，并构建系统的、可操作性的课程体系是十分重要的。这是小学艺术教育的一大助力。

课程样张的制作是整个课程体系中十分重要的环节，也是与学生认知学习、提升兴趣紧密相关的直接媒介。《小鲤畅游口风琴》中，以校园吉祥物"小鲤鱼"的形象切入，激发学生的学习热情，并根据本校低段学生的年龄、心理、认知及实际学情进行环节设计与编排，并结合小学唱游教材中的作品以及教材外短小的中外作品丰富学生学习的资源，提升学生的学习兴趣。

（一）版面设计

《小鲤畅游口风琴》课程样张的版面设计主要以校园吉祥物"智仁勇"小鲤鱼引领学生感知口风琴的魅力，探索口风琴演奏的技巧。通过富有童趣的图文及语言文字、儿歌口诀等为学生搭建学习口风琴的支架。同时将单元中"学""练"部分与游戏相结合形成"小鲤游乐园""认识新朋友""小鲤乐闯关"等板块，并在每一课时设置前置"小复习"进行知识的巩固，课后设置"小鲤星星榜"让学生进行自我评价。"小复习""认识新朋友"课程样张分别如图 3-4 和图 3-5 所示。

小复习

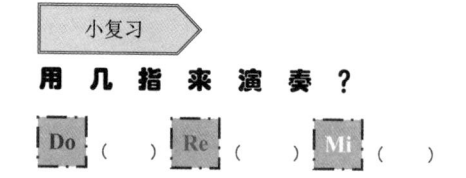

用 几 指 来 演 奏？

Do（　　） Re（　　） Mi（　　）

回声小游戏

1. 请你准确的找到"Re、Mi"在琴键上的位置。

2. 伙伴互评，位置、手型是否正确。

3. 你能和老师一起完成回声的小游戏吗？

图 3-4　课程样张"小复习"

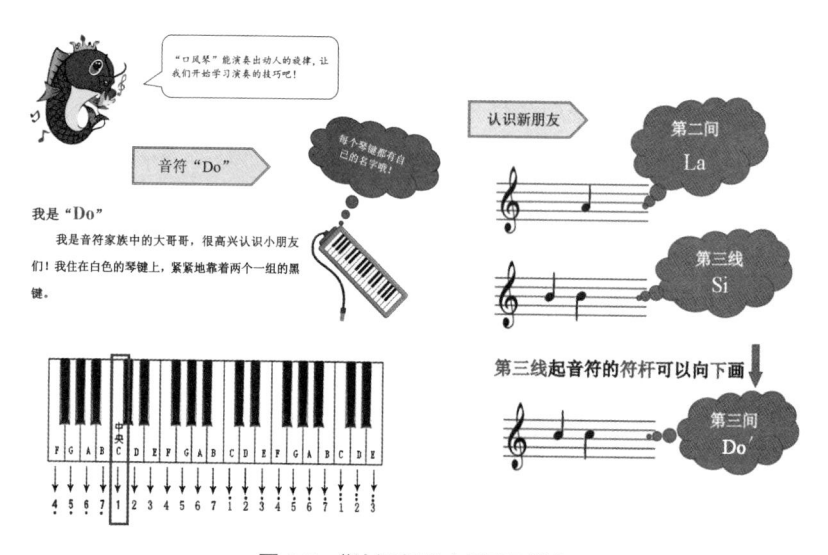

图 3-5　"认识新朋友"课程样张

（二）呈现形式

纸质版教材与电子版文件形式相结合，借助"云盘"进行曲目范奏、拓展作品欣赏的资源分享。也可让学生进行演奏视频上传，进行课后的学习巩固，让学习氛围更浓厚，提升学生的自主学习能力及学习的主动性。

(三) 教学资源

在本课程的教学资源的开发时,以节奏谱、五线谱的形式出示大部分谱例于样张中。作品难度与学生认知及学习能力相关联,选用唱游课程教材中合适的作品、中外著名的曲目以及自编的小练习曲,由简到繁逐步提升学生的识谱、演奏、视唱能力。口风琴小练习节奏谱如图 3-6 所示。

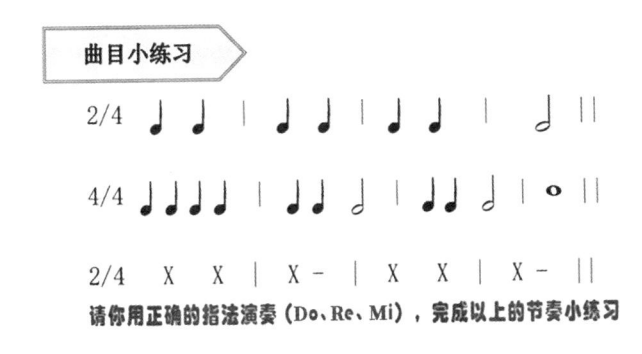

图 3-6　口风琴小练习节奏谱

(四) 评价形式呈现

思考运用多样的评估方式,关注学习习惯、学习兴趣、学习能力、团队合作等多种指标的评价内容,以课时自评、师评、课后练习家长评价,各类游戏、活动学生互评等多样的评价方式凸显评估与评价的导向作用,提升学生的学习兴趣,逐步培养学生良好的学习习惯以及品德，提升学生的核心素养。单课时评价样例如图 3-7 所示，单元评价"成果卡"如图 3-8 所示。

图 3-7 课程样张"单课时评价样例"

图 3-8 单元评价"成果卡"

第三章　单元实施方案

根据学生认知规律设计单元板块是为学生搭建学习支架，构建知识结构，开展游戏活动的重要组成部分。从学生学情与实际经验出发，在单元设计中将知识进行梳理，规划学习中的知识点，结合游戏化教学的方式，聚焦核心素养的培养，使学生在学习中获得快乐和审美体验，提高学生音乐分析与表现的能力。以下呈现本课程第二单元《小鲤吹奏初体验》的具体实施方案。

一、单元内容

(1) 认识口风琴，学习口风琴养护技巧。
(2) 探索口风琴吹奏技巧，了解演奏指法及手型。
(3) 认识音符 Do，探索单音演奏技巧。

二、单元学情分析

二年级学生经过一学年的学习生活，已经初步建立了较为规范的课堂常规，能安静地聆听作品，能用较为自然的声音演唱歌曲，也能乐于参与各类音乐活动。他们活泼好动、富有极强的好奇心与表现欲。大部分学生对音乐学习的积极性非常高，但注意力无法长时间集中，在课堂常规、聆听、演奏习惯、活动游戏规则等方面都需要继续加强构建与指导。因此在初次开展口风琴教学时，教师应加强音乐素养、习惯的培养，激发并保持学生学习音乐的兴趣，注重过程的体验，以评价为导向，帮助学生逐步养成良好的口风琴学习习惯，激发学生对口风琴的喜爱。

三、单元教学目标

（1）欣赏口风琴表演视频以及教师表演，感知口风琴的魅力，激发学生的学习兴趣。

（2）初步认识口风琴，了解口风琴的构造以及发声原理，知道口风琴的吹管如何连接。

（3）知道口风琴的演奏方式可分为坐奏式和站奏式，能有序地收放、使用口风琴，知道如何养护口风琴。

（4）有序合作进行音乐游戏，初步感受口风琴吹奏中的气息使用技巧，建立演奏手型的基础。

（5）认识音符Do，知道音符在口风琴上的位置，能进行单音作品的演奏。

四、单元实施安排

单元实施安排如图3-9所示。

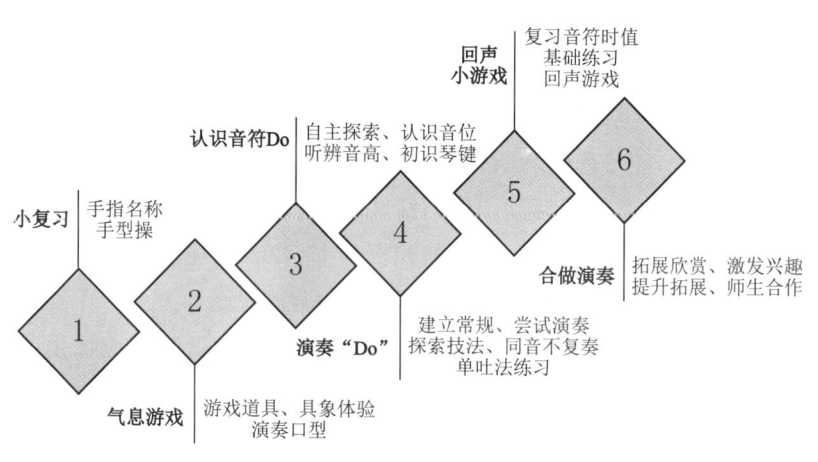

图3-9　单元实施安排

五、单元评价

单元评价维度见表3-3。

表3-3 单元评价维度

评价维度	评价指标
智慧小鲤鱼 (知识技能)	1. 知道口风琴的结构与养护知识； 2. 知道正确的演奏手型,学会口风琴吹奏气息技巧； 3. 认识音符Do,能和伙伴老师一起完成作品的演奏
仁爱小鲤鱼 (学习品质)	1. 能积极进行参与课内活动,有序地和伙伴、老师游戏、演奏； 2. 能与老师伙伴友好互动,谦虚有礼,乐于助人,培养学习竖笛的好习惯
勇气小鲤鱼 (表现表达)	1. 能认真聆听老师与伙伴的发言,投入地欣赏音乐作品； 2. 能自信大方表达自己的见解,乐于进行音乐游戏级表演演奏

(1) 每一课时的第一板块"小复习"中,学生通过自主回答,完成复习上一课时中的主要知识,获得"智仁勇"小鲤鱼印章。

(2) 每节课后结合课程内容由学生勾选星星进行自评。

(3) 每个单元学习后完成"成果卡",对整个单元学习内容进行整体评价与总结。

第四章 课堂实践案例

本课时《口风琴吹奏初体验》是器乐课程《小鲤畅游口风琴》第一单元《吹奏我的口风琴》中的第四课时。在第一单元的认识口风琴,欣赏口风琴演奏的作品,培养良好的口风琴课程习惯后,第二单元正式开始了口风琴的吹奏学习。在第一课时中,学生通过手型操以及吹蜡烛、蚕宝宝吐丝等小游戏初识了演奏口风琴的两个重要的组成部分——演奏手型及气息控制。本课时则在此基础上展开,学生将首次正式吹奏口风琴,这也是他们学习口风琴重要的起始。本课时的教学目标是激发学生对口风琴吹奏的学习兴趣,为后期的课程学习建立良好的基础。

一、教学设计

【课题】

《口风琴吹奏初体验》。

【课时】

《小鲤畅游口风琴》第一单元《吹奏我的口风琴》第四课时。

【教学内容】

认识音符 Do 并进行单音作品的吹奏。

【教学目标】

(1) 知道口风琴发声原理,通过游戏与练习提升对于气息的感知与控制,探索进行口风琴吹奏时的气息控制。

(2) 能认真练习建立正确的手型,认识全音符、二分音符、四分音符,能根据节奏谱与唱名提示,演奏短小简单的曲目。

(3) 能和老师伙伴有序进行音乐游戏。培养良好学习习惯,激发学习兴趣,提升综合能力与核心素养。

【教学重点】

建立良好的手型,认识音符 Do,能认真练习完成作品。

【教学难点】

认识音符并能准确的吹奏出音符的时值。

【育人立意】

(1) 在游戏活动中,培养学生的规则意识与合作能力。

(2) 在学习活动中,自主思考,探索音乐知识。

【评价环节与要求】

评价环节与要求见表 3-4。

表 3-4 评价环节与要求

评价环节与内容	评价要点	评价形式	目标指向
评价环节一：复习指法	能知道每个手指的专业名称，通过手型游戏建立良好演奏手型	师生互评	目标 2
评价环节二：认识音符"Do"，复习音符的时值	能在口风琴上找到音符 Do 的位置，运用单吐法，节奏准确地演奏节奏小练习	教师评价	目标 1 目标 2
评价环节三：回声小游戏	能安静聆听，遵守游戏规则和老师、伙伴一起愉快地游戏	师生互评	目标 3
评价环节四：《轮船之歌》	能与教师合作进行《轮船之歌》的演奏		目标 2

【教学过程】

(一) 小复习

（1）手指名称填写。

（2）手指操。

儿歌复习：圆球手型不改变，
　　　　　手指关节要突出，
　　　　　指尖相碰要灵活。

教学说明

设计意图：通过儿歌游戏复习巩固上节课所学内容，不仅能加强师生的互动，还能以小组游戏的方式进行互动，增加学生的参与感，提升学生的游戏体验。让手型操不再枯燥，为口风琴演奏打下良好的基础。

评价要点：能用有控制的声音朗读儿歌，并和伙伴一起有序地进行手型操。

（二）气息小游戏——吹小球

提问：如何才能让小球漂浮起来？（小组讨论）

怎样控制气息小球才能漂浮得平稳且长久呢？

游戏中对学生气息的控制的要求有所提升，声断气练，吸气到小腹，吐气有控制。可以一边请学生们摸着小腹处，一边游戏感知气息与身体的关联，更好地了解气息，控制气息。

（三）初次介绍演奏口型

嘴唇包裹吹管，牙齿微合固定住吹管口。

> **教学说明**
>
> **设计意图**：实际体验的迁移到气息控制的思考，帮助学生探索自己的气息，呼吸的方式，感知自己的肺部与腹腔，并把游戏体验迁移到吹奏口型的探索，让学生更直观地进行感知而非直接教授讲解。
>
> **评价要点**：能遵守游戏规则，和伙伴友好互动探索气息的控制并自信大方地表达自己的看法与思考。

（四）认识音符 Do

1. 音符在琴键上的位置

自主探索，寻找音符 Do 在琴键上的位置。"认识音符 Do"课程样张如图 3-10 所示。

2. 听辨音高

提问：听听琴键上不同位置的 3 个 Do 有什么不同？

通过聆听帮助学生感知琴键有音高区别，左低右高。

找朋友 音符 Do

我是 Do

我是音符家族中的大哥哥,很高兴认识小朋友们!我住在白色的琴键上,紧紧地靠着两个一组的黑键。

每个琴键都有自己的名字哦!

图 3-10 "认识音符 Do"课程样张

3. 评价环节

评价要点:能自主探索思考,并安静地聆听教师演奏。

> **教学说明**
>
> **设计意图**:通过拟人的方法由小音符提出问题,并由学生自主探索寻找探索口风琴的音高变化,激发学生学习探索的兴趣。

(五) 演奏音符 Do

1. 建立常规、拿取口风琴

在音乐中有序的拿取口风琴,插入吹管做好演奏准备。

2. 探索技法、同音不复奏

教师示范演奏,学生观察思考。

提问:老师在演奏时有什么特别的地方?

同一个音符无需多次弹奏,只需控制气息就能反复的吹奏这个小音符了。

3. 单吐法练习

(1) 复习腹式呼吸及演奏口型。

(2) 单吐法呼吸小练习。单吐法练习节奏如图 3-11 所示。

图 3-11　单吐法练习节奏

(3) 1 指找到音符 Do 的位置。

(4) 尝试进行单音的吹奏。

(六) 回声小游戏

1. 复习音符

(1) 复习全音符、二分音符、四分音符的时值,如图 3-12 所示。

图 3-12　复习音符时值

(2) 音符节奏儿歌游戏。

2. 回声小游戏

(1) 出示讲解"回声小游戏"游戏规则,如图 3-13 所示。节奏谱例如图 3-14 所示。

第三篇　小鲤畅游口风琴

> 回声小游戏

规则：1. 仔细聆听老师的演奏，不提前让自己的口风琴发出声音。

　　　2. 在预备拍后，尝试模拟老师演奏的旋律，以相同的节奏进行演奏。

　　　3. 演奏 Do 时不需要反复弹奏，只需控制气息进行吐气。

图 3-13　游戏规则

图 3-14　节奏谱例

（2）教师演奏，学生回声。

（3）学生创编。

（4）学生互动进行回声小游戏。

3. 评价环节

评价方式为教师评价、学生互评。

评价要点：①能遵守游戏规则，和老师伙伴有序地进行游戏，先聆听后模仿；②能自主创编两小节节奏型，与伙伴一起进行回声小游戏。

> **教学说明**
>
> 设计意图：通过游戏激发学生的学习兴趣，避免枯燥的练习。过程以及难度的提升，逐步引导学生感知气息、控制气息并能初识键盘。在这个过程中教师为学生搭建了学习知识的脚手架，体系化、游戏化地让学生掌握相关的呼吸技巧，建立良好的游戏规范。

(七) 合作演奏《轮船之歌》

1. 拓展欣赏
拓展欣赏《威廉退尔序曲》。

2. 师生合作演奏
(1) 教师演奏1、3、5、7小节。
(2) 学生演奏2、4、6、8小节,即图3-15中框出的小节。

《轮船之歌》

图 3-15 演奏谱例

3. 评价环节
评价要点:①能安静地聆听欣赏,积极表达自己的看法;②能与老师节奏准确地演奏合奏作品《轮船之歌》。

> **教学说明**
>
> **设计意图**:拓展欣赏《威廉退尔序曲》感受口风琴合奏的魅力,激发学生的演奏欲望,引出师生合奏的作品《轮船之歌》。

(八) 课堂小结

"在今天的课上,我们和小音符Do做了好朋友,玩了许多有趣的游戏。你能摘得小鲤鱼星星榜当中的几颗小星星呢?我们的明星小鲤期待着与你见面。今天的课就上到这里,同学们,再见!"

单课时评价"星星榜"如图3-16所示。

第三篇　小鲤畅游口风琴

小鲤星星榜　☆　☆　☆

1、认识音符 Do，能找音符在琴上的位置　　（　　　）

2、能用较为正确的手型弹奏 Do　　　　　　（　　　）

3、游戏有序，互动愉快　　　　　　　　　　（　　　）

4、爱护乐器，整洁有序　　　　　　　　　　（　　　）

图 3-16　单课时评价"星星榜"

【教学流程图】

教学流程图如图 3-17 所示。

主任务
认识口风琴

1.认识口风琴家族，知道口风琴的主要组成部分

2.认识口风琴吹管，知道吹管的使用与保养方式

主任务
口风琴吹奏初体验

1.初步建立正确的演奏手型，知道手指的指法名称

2.初步了解气息控制的方法，在游戏活动中进行体验

主任务
认识 Do

1.认识音符 Do，知道音符在口风琴上的位置

2.复习唱游课上学习的音符知识

主任务
口风琴吹奏初体验

1.能准确演奏不同时值音符组成的演奏小练习

2.和老师伙伴一起完成"回声小游戏"

3.与教师合作完整演奏作品《轮船之歌》

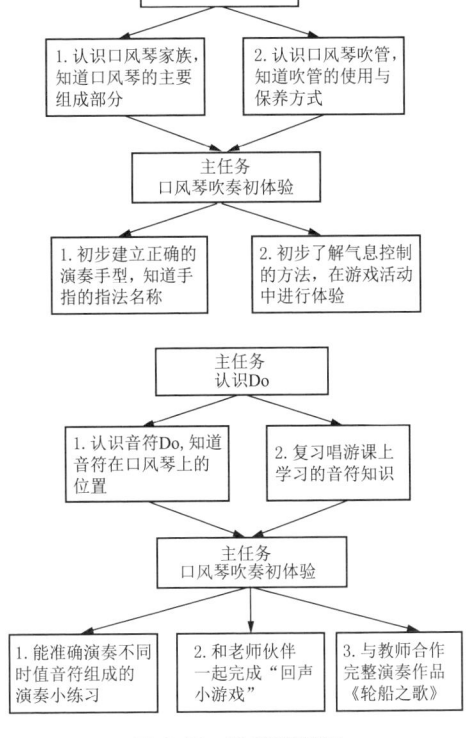

图 3-17　教学流程图

二、教学案例及反思

(一) 主要教学环节

在本课程中,每一个新课时开始前,都会设计"小复习板块",此板块承上启下起到新旧知识链接的作用,本课时中则依托上一课时的内容进行游戏"手指操"的复习,通过儿歌渗透规则,加强师生、生生互动。小组游戏的方式还能增加学生的参与感,让学生在自主练习的同时观察伙伴的动作互相帮助交流,发现手型的问题,提出改善的建议。这些都可以提升学生的游戏体验,激发学生的练习热情,让演奏手型练习不再枯燥。

在手型操的引入下,第二个游戏环节气息小游戏——吹小球——就与同学们见面了。这个游戏从学生的实际体验迁移到气息控制的思考,帮助学生探索自己的气息,呼吸的方式,感知自己的肺部与腹腔,并思考问题"如何才能让小球平稳漂浮起来"。游戏中对学生气息的控制的要求有所提升,声断气练,吸气到小腹,吐气有控制。在游戏过程中可以引导学生摸着小腹处,感知气息与身体的关联,更好地了解气息,控制气息,并由实际体验出发由学生自己进行经验、规则的总结,如"吐气力度要有控制、气息要长而平稳、游戏时嘴唇包裹住吹口不让气息逃跑等",并由此引出口风琴演奏口型的教学。这样的趣味游戏环节设置让学生通过游戏体验,感知正确的吹奏口型,成了直观感知的主体,而非由教师直接教授讲解,实际体验代替语言描述,融规则与游戏于一体,让课堂更生动活泼充满趣味。

在完成了手型、口型以及气息的学习后,本课时新授的音乐知识——认识音符 Do 并找到它在口风琴上的位置——也将通过妙设形象趣味游戏"找朋友"的方式与学生见面。通过拟人化的方式由小音符的形象提出问题:"我是音符家族中的大哥哥 Do,你能在琴键上找到我吗?"由此激发学生的学习热情,提升课堂的有效性,避免教师直接灌输知识。之后展开单吐法的学习、八分音符、四分音符、二分音符、全音符的复习,与唱游课堂进行连接。为了避免枯燥的练习,保持学生的学习热情,在完成初步学习后,练习环节通过游戏化的方式进行呈现,故设计了"回声游戏"的环节,作为一个较大的游戏板块,教师将在游戏开始前清楚地将规则(仔细聆听老师的演奏,不提前让自己的口风琴发出声音)告诉每一个学生,建立良好的课堂游戏习惯。

在预备拍后,尝试模拟老师演奏的旋律,以相同的节奏进行演奏完成"回声"。游戏过程中难度逐步进行提升,从一开始的通过模仿老师完成"回声"提升到由学生自己创作"声音"与伙伴合作完成"回声",让学生在教师的辅助后逐步成为游戏的主体,加强学生的音乐体验与认知,培养学生的音乐实践与表达能力。整个课时在游戏过程中引导学生感知气息、控制气息并能进一步熟悉键盘,认识音符 Do,熟悉单吐法,演奏单音 Do 构建的简单旋律,避免了各类枯燥无趣的练习,而是通过学生喜爱的游戏为学生搭建学习知识的脚手架。体系化、游戏化地让学生成功进行口风琴的初次吹奏,建立良好的演奏规范。

(二) 教学反思

1. 融规则于游戏,建立良好的游戏体验

在器乐教学中融入各类有趣的游戏能极大提升学生的学习兴趣,丰富学生的学习体验。对于低年段的学生而言,游戏中过于兴奋自控力不足是不可避免的。在本次教学实践后,我首先思考如何让学生有序地进行游戏增强游戏的正面体验。在最后回声游戏的板块中我直接将游戏规则公示并做了讲解,但是孩子们在游戏的过程中依然会出现不听预备拍、胡乱吹奏的现象。低年段学生对于规则的理解及有限的自控能力成了课堂中的问题。教师出言阻止或暂停游戏都会让游戏体验下降,由此我认为在完成教师与学生规则的约定前可以引导学生进行游戏规则的设计与完善,正如皮亚杰认为的"游戏规则是由幼儿们自己商定的,一旦确立了规则,参加的人就有义务遵守它"。通过由学生参与规则制定,加深学生对于规则的理解与认同,增强学生遵守规则的自觉性。

2. 有效观察,丰富评价

在游戏化的器乐教学中,游戏环节的设计会让学生注意力集中,通过不断的趣味性的刺激,始终呈现灵动的高质量的学习状态。但在游戏学习的过程中也会出现各种突发问题,当学生的思维或表达超脱游戏课堂本身,教师可否捕捉机会进行知识的讲解并提升学生的自信也是课程中教师所需要关注的。在手型操、气息游戏"吹小球"等环节中,教师引导学生从实际体验出发,观察、思考总结游戏的规则,但学生的思维天马行空,有的孩子会说"老师我需要大力地吹小球就能飘起来"从而忽视了游戏的练习要点气息的控制,在这样的情况下教师首先应肯定他的发现,并进一步进行引导"你的小球能漂浮多久?"可以组织比赛环节,通过实际体验让学生进行观察从而理解气息控制的要点。

此外,虽然在课程中教师设计了许多评价的方式,但随着游戏的展开我发现学生之间的观察也是极具效果的,因此不能忽视由学生自主进行的观察与评价。不能单一关注游戏内容而忽视了过程中其他的教育价值,比如合作、表达、互助依托规则来进行评价等,这些都将丰富学生的认知,提升他们的核心素养,是课程学习中的宝贵的财富。

第四篇　风传灵音

李超,上海市徐汇区建襄小学教师,工作18年,副高级职称,毕业于上海师范大学音乐学院。

曾荣获第二届"奇美杯"器乐教学进课堂教学评比一等奖、上海市中青年教师教学评比一等奖、连续两届获得徐汇区教育局中青年局级骨干教师称号;参与上海市教委组织"空中课堂"拍摄工作,多次指导学生在区级合唱比赛获一等奖。曾参与《琴韵课堂——少儿电子琴集体课程》的编写,并由上海音乐出版社出版,在区域内形成一定影响力。

第一章　导　语

器乐教学是近年来许多学校在音乐课堂中的重要的教学手段，通过在课堂中进行固定音高乐器的辅助学习，能帮助教师在课堂教学中进行歌唱教学的重难点突破，以及帮助学生迅速把握歌曲节奏、音准以及对歌曲或者乐曲旋律的记忆。口风琴作为固定音高乐器，有着易携带、易学习的特点。在课堂中吹奏口风琴，能充分激发学生在音乐课堂中的学习兴趣。

在课堂中，如何更好地发挥口风琴这件固定音高乐器的作用，更好地发挥学生主观学习音乐的能动性；如何更好地帮助学生在课堂中进行审美体验和音乐表现，是《风传灵音——建襄小学口风琴校本课程》所要思考的。

第二章　课程设计

一、课程框架

（一）背景分析

我校于2002年至今进行口风琴进课堂的校本器乐课程尝试，在音乐课堂中用口风琴教学辅助歌唱教学，帮助学生理解并把握歌曲演唱时的音准和节奏以及歌曲旋律的记忆。组建课外团队多次参加区级层面器展演及市级器乐教学评比，取得好成绩。近年来，我校学生在音乐艺术学习上的投入日益增加，不少学生在课外学习音乐艺术，在一年级学生中，有许多同学具备钢琴键盘基础。因此，学生们对于音乐知识技能的掌握,有着明显的优势。2016年,我校音乐教研组集体编制了"琴韵课堂——少儿电子琴进阶教程"。结合学校目前正开展的课题,研究学生"三力发展目标"中共情力的培养以及评价指标的研制。

(二) 课程理念

基于校情和学情,我们着手研发《风传灵音——建襄小学口风琴校本课程》,以《义务教育艺术课程标准(2022版)》(以下简称《标准》)为准绳,以上海市小学音乐学科教学基本要求为依据,以小学一、二年级学生为学习对象,通过在音乐课堂中丰富学生学习实践经历,在课堂中学习并吹奏口风琴,进行音乐表现性活动,通过表现,体验音乐的"美",提升学生表现"音乐美"的能力。将原有"琴韵课堂"定位在三至五年级,使两者间有效衔接。

一方面,使学生掌握相应的知识技能,帮助学生识读乐谱,培养学生自主学习音乐的能力;将吹奏时的气息把握运用作为核心能力培养的点,在吹奏气息运用的柔与强、断与连,以及乐句演唱中"气口"等吹奏技巧学习的不断深入中,辅助学生把握歌曲演唱的气息控制、乐句连贯、力度控制,帮助学生进行音乐审美体验。

另一方面,通过增加学生学习音乐的经历,增加音乐的体验与表达的方式,增强学生学习音乐的兴趣,培养学生乐于与他人合作,与同伴交流的意识。结合学校对于学生"三力九维"总体育人目标,我们着重选将交响力作为培养学生的核心能力的育人目标。

(三) 课程目标

课程分年段目标见表4-1。

表 4-1 课程分年段目标

核心素养\年级	一年级	二年级
审美感知	了解口风琴的构造,学习口风琴基本的吹奏技巧,基本音符与休止符;培养学生实践音乐的态度	通过增加学生音乐的经历,激发学习兴趣、增强实践体验、形成良好学习态度、习得器乐演奏技能、提升情感表达能力,同时达成技能目标与情感目标
艺术表现	尝试基础奏法 1. 学习体会不同的呼吸方式(呼吸的深浅、快慢、力度等); 2. 学习顺指法、扩指法; 3. 探索学习同音反复的吹奏方法; 4. 结合已学知识与方法,尝试弹奏音阶	一、(学)基本音符与休止符 1. 认识音符; 2. 识记一个八度内的音高位置(Do～Do′); 二、(技能)指法技巧 1. 复习,巩固顺指法、扩指法; 2. 新授,穿指和跨指(同一年级,穿指和跨指分列学习); 三、(奏)指法运用与歌曲练习(综合培养指法技巧与气息的灵活运用能力) 1. 音阶练习(上行穿指,下行跨指); 2. 课内歌曲练习,不同情绪歌曲的气息运用; 3. 课外歌曲拓展,短小的课外歌曲
创意实践	在生生合作中,将自己已学口风琴知识,制作口风琴说明书	在生生合作中绘制口风琴"小百科",尝试用生动有趣的方式展示出"小百科"中的相关内容

(1) 了解口风琴的构造,学习口风琴的吹奏方法,在歌曲学唱或乐曲主旋律记忆等音乐学习过程中,帮助学生掌握与认知音乐的知识与技能,熟悉并加深对歌曲乐曲旋律的记忆,帮助学生感受并感知音乐作品的情感表达。

(2) 在教师的指导下,通过模仿、自主探究及同伴互助等学习方式学习口风琴的吹奏及其维护保养周边知识;在教师的指挥下,按照音乐的速度与节拍吹奏口风琴,并在同伴面前表达自己的学习体会与感受，提升学生的学习能动性、团队合作能力。

(3) 通过将校本课程融入音乐课堂中，增加学生学习音乐的经历，培养自主学习的能力，借助所学"学习方法"达成技能目标；在学习小组的互助、自主学习等模式下，培养学生实践音乐的态度，提升对音乐情感的表达能力，促成情感目标。

(四) 课程内容

《风传灵音——建襄小学口风琴校本课程》预设将小学一、二年级中所实施的普及性结合进阶性器乐教学，共设置了2个年级5个单元的内容。根据现有音乐教材内容，通过学习与吹奏教材歌曲，将技能的习练与知识的认知结合在一起，根据现有大部分学生在课外学习音乐的学情，结合"探究"的学习模式，进行小组合作、任务驱动，在课堂中尝试设置"闯关"任务活动，更好地帮助学生把握音乐知识；将口风琴吹奏时的气息运用作为学生核心能力的培养点，在达成"知识技能"目标的同时，使学生能更好地灵活运用气息把握歌曲演唱时的力度变化，帮助学生在课堂中达成"情感目标"。

1. 一年级部分

一年级课程内容框架见表4-2。

表4-2 一年级课程内容框架

单元	内容概要	目标指向	建议年段/课时
第一单元 走近口风琴	任务一：初识口风琴 了解口风琴	目标1	一年级 建议2~3课时
	任务二：趣玩口风琴 1. 认识五手指； 2. 认识键盘	目标1	

续表

单　元	内容概要	目标指向	建议年段/课时
第二单元 奇妙的音乐世界	任务一:(学)基本音符与休止符	目标1 目标2	一年级 建议4~6课时
	任务二:(奏)尝试基础奏法(气息能力培养) 1. 学习体会不同的呼吸方式; 2. 学习顺指法、扩指法; 3. 探索学习同音反复的吹奏方法; 4. 结合已学知识与方法,尝试弹奏音阶	目标1 目标3	
	任务三:拓展练习 1. 教材歌曲的练习; 2. 课外曲目拓展	目标1 目标3	
第三单元 如何使用口风琴	任务:制作口风琴说明书	目标2 目标3	一年级 建议1~2课时

课程各单元内容结构分别如图 4-1 至图 4-3 所示。

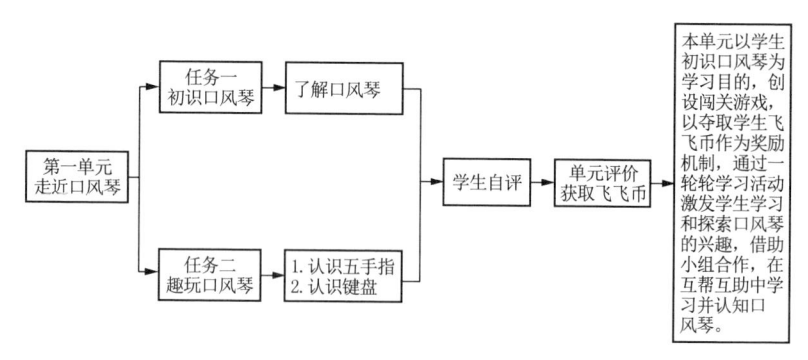

图 4-1　课程第一单元内容结构

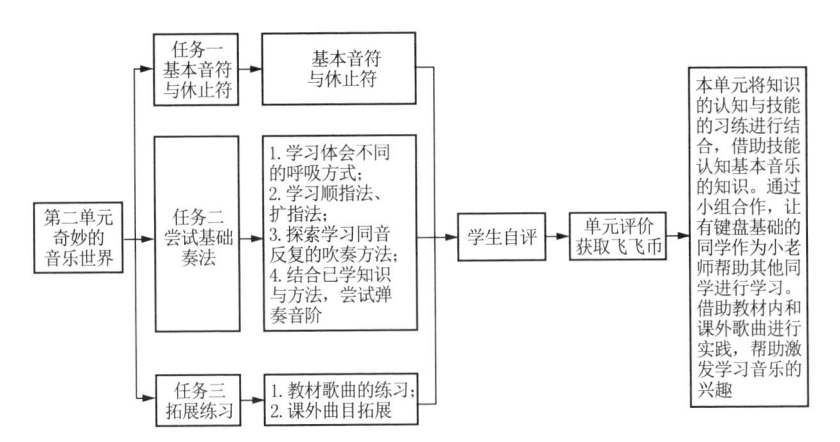

图 4-2　课程第二单元内容结构

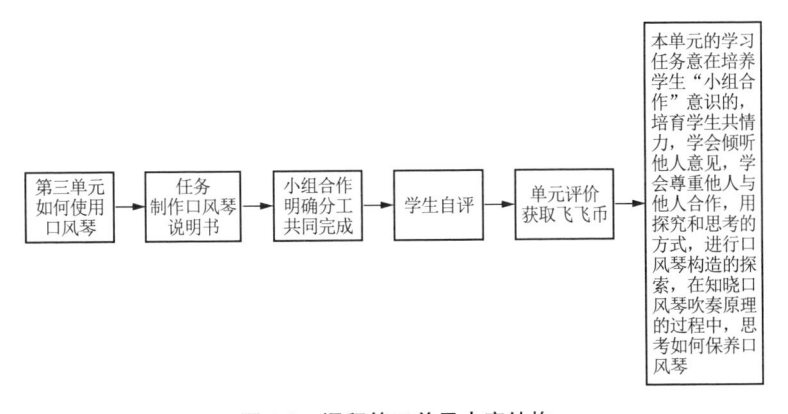

图 4-3　课程第三单元内容结构

2. 二年级部分

二年级课程内容框架见表 4-3。

课程各单元内容结构分别如图 4-4 和图 4-5 所示。

表 4-3　二年级课程内容框架

单元	内容概要	目标指向	建议年段/课时
第一单元 奇妙的音乐世界	任务一:(学)基本音符与休止符 1. 认识音符(八分音符、十六分音符及其休止符); 2. 识记一个八度内的音高位置(Do~Do′)	目标1 目标2	二年级 建议4～6课时
	任务二:(技能)指法技巧(气息能力培养) 1. 复习,巩固顺指法、扩指法; 2. 新授,穿指和跨指	目标1 目标3	
	任务三:指法运用与歌曲练习 1. 音阶练习(上行穿指,下行跨指); 2. 歌曲练习; 3. 拓展	目标1 目标3	
第二单元 口风琴"小百科"	任务:绘制口风琴"小百科";尝试用生动有趣的方式展示出"小百科"中的相关内容	目标2 目标3	二年级 建议1～2课时

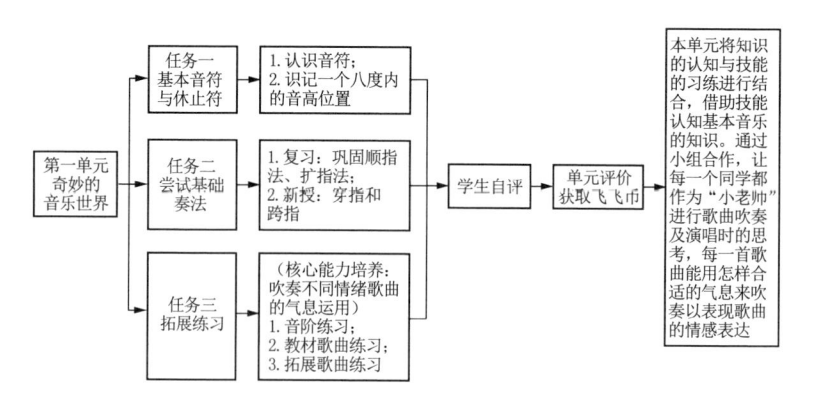

图 4-4　课程第一单元内容结构

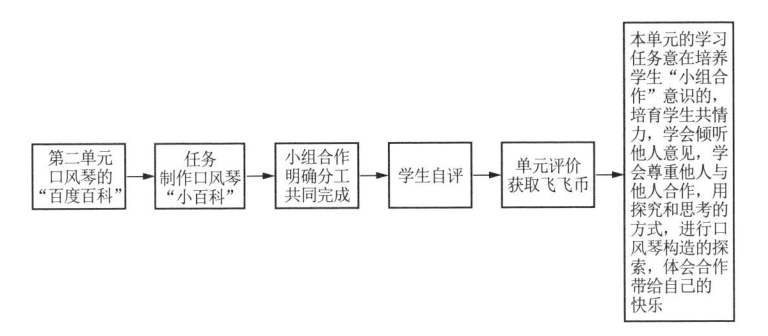

图 4-5　课程第二单元内容结构

(五) 学业质量评估标准

1. 评价内容概述

对于评价内容的制定与细则，我们遵循的是以过程性(课堂)评价与期末(阶段性)评价、作业评价相结合的方式，以观察学生学习态度和过程表现为依据，并以培养学生核心素养为目的而展开。根据学校对于学生"三力"培养目标中对于学生"交响力"的培养，我们在过程性评价中始终围绕着学生的"学会倾听""善于体察"等维度进行设计。并与学校大队部的争"飞飞币"活动相结合，在课堂中、单元内获得一定的星星数，可获"飞飞币"一枚。

2. 课堂(过程性)评价

根据在课堂中学生的参与、过程表现以及在学习活动中与同伴之间的合作、学习成果的表现进行分项自测自评，在一堂课中累计获得 7 颗星的同学将会获得建襄小学"飞飞币"一枚。

以一年级第一单元《走近口风琴》中第一课《初识口风琴》为例，学生自评表样例如图 4-6 所示。

我的自评点	我的表现
1. 认知口风琴的部位	
● 能用清晰的语言，响亮流利地表述口风琴的构造	☆☆☆
● 能用简洁的语言，表述出键盘的组成和部分部件的作用	☆☆
● 知晓键盘的位置，知晓键盘由黑白键组成	☆
2. 在课堂中吹奏口风琴，吹奏出 Do~Sol 5 个音，并在同学面前表现	
● 在观察、模仿以及学习小组的互助下，敢于体验口风琴的吹奏，能与同伴分享交流自己弹奏时的体会，能跟着伴奏尝试跟奏旋律	☆☆☆
● 在观察、模仿及学习小组的互助，在小组中"小老师"的帮助下，敢于尝试体验口风琴吹奏，并能与伙伴交流吹奏的感受	☆☆
● 敢于体验口风琴吹奏，能吹奏出 Do~Sol 5 个音	☆
简单表述我通过学习这个故事所获得的感悟：	

学生自评表

同学们，让我们对自己在本单元中的表现做一个评价吧！看一看，你能得到多少颗为你闪闪发光的小星星！请你根据实际情况在"☆"上打钩。

我一共得到了（　）颗"☆"，获得 7 颗星以上的小朋友将会获得建襄小学"飞飞币"一枚。

图 4-6　学生自评表样例

3. 期末（阶段性）评价

在每一个学习阶段结束，我们也会根据学生的过程性表现、过程性评价的汇总以及学生在这一阶段所取得收获设计并进行阶段性评价，并且获得相应的"飞飞币"，并跟随大队部的要求，获得学期奖励。阶段性自评表样例如图 4-7 所示。

分项评价内容	评价观测点	表现标准	获得等第	评价维度
学习态度	学习综合表现	上课认真听讲;学习虚心请教;乐于表现交流;乐于小组合作	☆☆☆	学习习惯
吹奏技能把握	全体学期达成度	全体同学须达成学期目标,即"走近口风琴"及"奇妙的音乐世界"1～3		学业成果
	个别学期达成度	特指对音乐学习欲望强烈或有键盘基础的同学,完成"奇妙的音乐世界"中的1～3之后,按要求完成4		
个人思考与小组合作	口风琴的探究及项目化活动	能在小组合作的前提下,在认知、把握口风琴吹奏的基础上,对口风琴的各个部分及使用方法等进行思考与探究,并结合项目驱动,进行活动		学习兴趣
发展性评价	学习能力的培养	1. 学习能力的提升 通过课程在课堂中的渗透,建立学唱歌曲、吹奏乐器的"音乐思维",用所学的音乐学习方式,例如模仿、认知等方式进行音乐学习的学习能力 2. 学习能力的差异 关注学生学习能力的差异,针对不同学习能力的学生,进行不同层次的评价,并提出学习的展望和要求	根据上述评价观测点,制定不同的三星标准	学习能力
等第转换标准	优秀	良好	合格	需努力
	☆☆☆	☆☆	☆	

图 4-7 阶段性自评表样例

二、课程样张

随着新课标中对于学生的审美感知和艺术表现等核心素养培养的要求不断深入,我们的《风传灵音》——建襄小学口风琴校本课程秉着趣味型和实践性相结合的方式,以建襄小学"小飞飞"(学生)和

"襄博士"(教师)作为人物主线,通过在每一讲中"小飞飞"向"襄博士"提出问题并思考,而"襄博士"则为"小飞飞"进行解答和指导而展开,在此过程中,鼓励学生以小组合作学习的方式进行每一项的学习活动,并在活动中根据评价点和要求获得相应的"☆"奖励。

(一)版面设计

我们的口风琴校本课程以"小飞飞"和"襄博士"之间的人物对话而展开。"初识口风琴""口风琴的构造"课程样张分别如图 4-8 和图 4-9 所示。

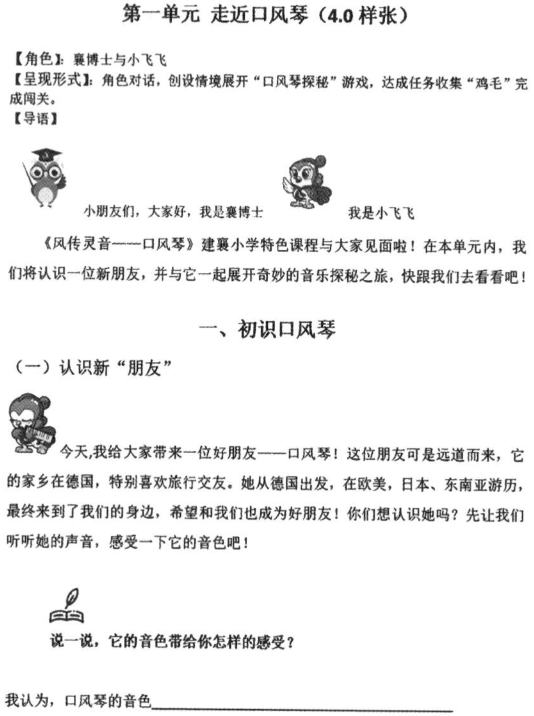

第一单元 走近口风琴(4.0 样张)

【角色】:襄博士与小飞飞
【呈现形式】:角色对话,创设情境展开"口风琴探秘"游戏,达成任务收集"鸡毛"完成闯关。
【导语】

小朋友们,大家好,我是襄博士   我是小飞飞

《风传灵音——口风琴》建襄小学特色课程与大家见面啦!在本单元内,我们将认识一位新朋友,并与它一起展开奇妙的音乐探秘之旅,快跟我们去看看吧!

一、初识口风琴

(一)认识新"朋友"

今天,我给大家带来一位好朋友——口风琴!这位朋友可是远道而来,它的家乡在德国,特别喜欢旅行交友。她从德国出发,在欧美、日本、东南亚游历,最终来到了我们的身边,希望和我们也成为好朋友!你们想认识她吗?先让我们听听她的声音,感受一下它的音色吧!

说一说,它的音色带给你怎样的感受?

我认为,口风琴的音色_____

图 4-8 "初识口风琴"课程样张

(二)口风琴构造

你们一定都感受到了,它虽然个头小,但却是个出色的"歌唱家"呢!它的歌声十分优美动听,还善于和其他乐器合作,奏出非常有感染力的音乐呢!

襄博士要向你发布第二项"探秘任务"啦~请你通过视频学习,了解口风琴的"身体"构造,完成[任务单]。

填一填,口风琴由哪些部件组成?

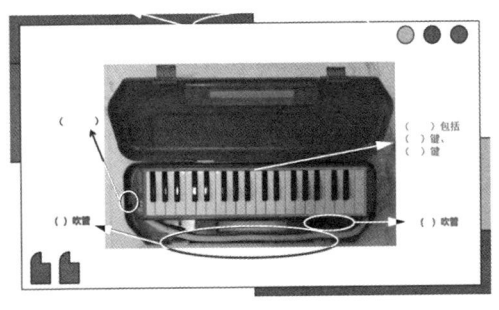

口风琴正面图

图 4-9 "口风琴的构造"课程样张

(二)呈现形式

通过"小飞飞"与"襄博士"之间层层深入的问答,并创设情境展开"口风琴探秘"的闯关活动,完成闯关任务并收集"☆"。"趣玩黑白键"课程样张如图 4-10 所示。

(三)教学资源

对于教学资源的选择,始终围绕着通过合作学习与实践来培育学生的共情力、培养学生以气息支持的能力培养作为吹奏和演唱歌曲时情感表达的载体,故教学资源的选择以教材歌曲为主,课外歌曲作为学习拓展,在课堂中让学生根据不同歌曲的情绪,思考需要怎样

二、趣玩黑白键

(一)我们的手指"密码"

口风琴通常只用右手弹奏琴键,每个手指都有相应的编号。你能准确说出手指编号吗?

写一写:拇指是( ),食指是( ),中指是( ),无名指是( ),小手指是( )

答对了吗?

手形漂亮!获"☆"一颗

隐藏关卡:将 1-5 指放在键盘上,尝试吹一吹 do-sol 五个音,做到声音连贯优美!通过隐藏关卡的同学将再获"☆"一颗

图 4-10 "趣玩黑白键"课程样张

的力度和速度,应该用怎样的气息支持来表现这个乐句。歌曲《剪羊毛》前半段的学习如图 4-11 所示。

歌曲《剪羊毛》前半段的吹奏	
自主学习,能在教师的引导下,通过技能练习,能用正确的指法(为乐句设计合理的指法,有简单的"设计力")、合理的气息控制,有感情、有力度地表现歌曲的集体吹奏	☆☆☆
自主学习,能在教师的引导下,基本指法准确,能较好地有感情地表现歌曲的吹奏	☆☆
自主学习,能在教师的引导下,吹奏部分乐句	☆

图 4-11 歌曲《剪羊毛》前半段的学习

(四)评价形式呈现

评价将根据学生共情力的培育,通过在过程中借助小组合作学习的模式"学会倾听""善于体察"以及如何将吹奏时的气息支持运用到歌曲演唱的情感表达作为评价观察点,同样获得 7 颗"☆"可以获得"飞飞币"一枚,当然学生还可自评中表述一下自己对本堂课学习的收获。歌曲《剪羊毛》自评表样例如图 4-12 所示。

我的自评点	我的表现
1. 复习歌曲《剪羊毛》的演唱	
听伴奏演唱歌曲,音准、节奏把握准确,气息流畅,歌曲演唱完整	☆☆☆
听伴奏演唱歌曲,能基本完整演唱歌曲,基本做到气息连贯,节奏音准基本准确	☆☆
能听伴奏演唱歌曲,并且能较准确地演唱歌曲	☆
2. 歌曲前半段的吹奏	
自主学习,能在教师的引导下,通过技能练习,能用正确的指法(为乐句设计合理的指法,有简单的"设计力")、合理的气息控制,有感情、有力度地表现歌曲的集体吹奏	☆☆☆
自主学习,能在教师的引导下,基本指法准确,能较好地有感情地表现歌曲的吹奏	☆☆
自主学习,能在教师的引导下,吹奏部分乐句	☆
3. 完整吹奏和演唱歌曲	
通过课堂学习口风琴的吹奏,通过自主学习和练习,在气息与吹奏技能的配合下,通过同伴互助,相互学习,触类旁通,共同理解歌曲,有感情地吹奏和演唱歌曲	☆☆☆
通过课堂学习口风琴的吹奏,通过自主学习和练习,在气息与吹奏技能的配合下,通过同伴互助,相互学习,能基本完整吹奏歌曲,并有感情演唱歌曲	☆☆
通过课堂学习口风琴的吹奏,通过同伴互助,相互学习,能吹奏歌曲中的部分乐句,并通过这些乐句的吹奏带动自己有感情演唱歌曲	☆
简单表述我通过学习这首歌曲所获得的感悟:	

图 4-12 歌曲《剪羊毛》自评表样例

第三章 单元实施方案

《风传灵音——建襄小学口风琴校本课程》的单元教学内容设定始终将《标准》中的"艺术审美感知"和"艺术表现"贯穿在其中,根据不同年段学生的身心特点将"知识序列"由浅入深地排练,并且根据学生"交响力"的培育,将"小组合作"学习放在首位,将"探究"融入课程中,让学生带着问题进行活动,并带着问题进行"长作业"的思考。下面仅以一年级第一学期第一单元《走近口风琴》为例进行实施方案的呈现。

一、单元教学内容

(1)口风琴的构造、探秘黑白键。
(2)趣玩黑白键:我们的手指密码、手型和姿势。

二、单元学情分析

一年级学生,经过了学习准备期的过渡,学生在课堂常规、学习习惯的建立等方面已经逐步适应小学学习生活,并且在音乐课堂中初步建立了"安静聆听""鼓掌鼓励"等规则意识,并且部分学生在课余时间参与了音乐的学习,故在本单元中,我们将初步建立学生对口风琴的认识,并进行体验和思考。

三、单元教学目标

(1)"走进口风琴",通过观看优秀口风琴吹奏视频(倾听),知晓口风琴,感受口风琴作品的优美的情绪和动听的旋律,认知口风琴的构造;观看口风琴简介视频(观察),知晓口风琴的构造。
(2)在"闯关游戏"(包含了学、练、玩)的体验性学习活动中,通过合作初步认知口风琴;借助形象生动的儿歌,认知口风琴的演奏;通过观看视频,了解口风琴。

四、单元实施安排

单元实施安排见表 4-4。

表 4-4　单元实施安排

学习任务	学习内容	建议课时
活动 1-1:《初识口风琴》感知口风琴	1. 观看口风琴云重奏视频《闪烁的小星》; 2. 认识口风琴,观看口风琴介绍视频; 3. 闯关游戏(说出图中口风琴的部分)	1
活动 1-2:《趣玩黑白键》认识我们的手指密码	1. 观看视频《口风琴开关歌》; 2. 闯关游戏(认知手指编号); 3. 小组学习,在键盘上找一找 Do、Re、Mi、Fa、Sol; 4. 奏一奏	1
活动 3:课后"长作业"	学习小组在课余时间思考 1. 尝试集体吹奏,整齐地吹奏 5 个音; 2. 课堂中体验了口风琴开歌,想一想关歌应该怎么唱、怎么做	

五、单元评价

单元评价维度表见表 4-5。

表 4-5　单元评价维度表

评价维度	评价指标
认知口风琴的部位	能用清晰的语言,响亮流利地表述口风琴的构造
我在课堂中吹奏口风琴,吹奏出 Do~Sol 5 个音,并在同学面前表现	在观察、模仿以及学习小组的互助下,敢于尝试体验口风琴的吹奏,能与同伴分享交流自己弹奏时的体会,能跟着伴奏尝试跟奏旋律
简单表述自己通过学习这个故事所获得的感悟	表述自己在课堂中的收获与感悟

第四章　课堂实践案例

一、教学设计

【课题】

歌曲《剪羊毛》。

【教学内容】

(1) 口风琴吹奏练习。

(2) 歌曲《剪羊毛》的吹奏及第二课时学习。

【教学目标】

(1) 复习与巩固歌曲《剪羊毛》，通过吹奏口风琴，通过对已学口风琴吹奏技能技巧的思考与练习，学会倾听同学的交流，通过练习并"体察"口风琴吹奏时的气息控制在歌曲中的运用，在吹奏旋律的过程中体验并感知歌曲活泼的情绪所引出的剪羊毛工人自豪的情感表达；并最终在同学的伴奏下，有感情的演唱歌曲。

(2) 在一次次的音乐表现性学习活动中，通过歌曲演唱、吹奏技能练习，结合师生交流、小组合作等形式，找到歌曲吹奏与歌曲演唱的共同点，以琴促技，以技促情。

【教学重点】

用流畅连贯的气息、有感情地演唱歌曲《剪羊毛》。

【教学难点】

歌曲演唱与吹奏时的气息控制，以及歌曲中大跳音程的把握。

【育人立意】

在课堂中,学生就是小老师,通过教师设定的学习活动,可自主进行思考,用已学过的吹奏技能以及对乐句情感的理解自主学唱歌曲。

根据学生的学情及学习能力,在歌曲的前半部分对学生提出分层学习目标;在歌曲后半部分的大跳音程的音准把握,提出"你来奏,我来唱"的学习模式,并用慢练的方式进行学习与把握。整堂课通过同伴互助、生生互学的学习模式,达成培育学生"交响力"育人目标。

【评价环节与要求】

评价环节与要求见表4-6。

表4-6 评价环节与要求

评价环节与内容	评价要点	评价形式	目标指向
复习歌曲《剪羊毛》的演唱	听伴奏演唱歌曲,音准、节奏把握准确,气息流畅,歌曲演唱完整	自评	目标1
歌曲前半段的吹奏	自主学习,能在教师的引导下,通过技能练习,能用正确的指法(为乐句设计合理的指法,有简单的"设计力")、合理的气息控制,有感情、有力度地表现歌曲的集体吹奏	自评	目标1 目标2
完整吹奏和演唱歌曲	通过课堂学习口风琴的吹奏,通过自主学习和练习,在气息与吹奏技能的配合下,通过同伴互助,相互学习,触类旁通,共同理解歌曲,有感情地吹奏和演唱歌曲	自评	目标1 目标2

【教学过程】

(一) 复习歌曲演唱

1. 复习乐曲

复习演唱歌曲,钢琴伴奏,同时请沈琪皓同学做伴奏。

要求:注意气息流畅、节奏把握准确。

2. 师生交流

提问:如何唱好这首歌曲?(观察歌曲旋律节奏的特点)

3. 评价环节

评价要点:听伴奏演唱歌曲,音准、节奏把握准确,气息流畅,歌曲演唱完整。

> **教学说明**
>
> 学习要点:复习歌曲,回忆歌曲的旋律。
> 设计意图:在同学的伴奏下,培养学生倾听伴奏的能力。

(二)口风琴吹奏

1. 双音音阶练习

口风琴双音吹奏练习如图 4-13 所示。

提问:在吹奏双音音阶练习时需要做到些什么呢?

图 4-13 口风琴双音吹奏练习

2. 歌曲前半段的吹奏

歌曲《剪羊毛》前半段的吹奏如图 4-14 所示。

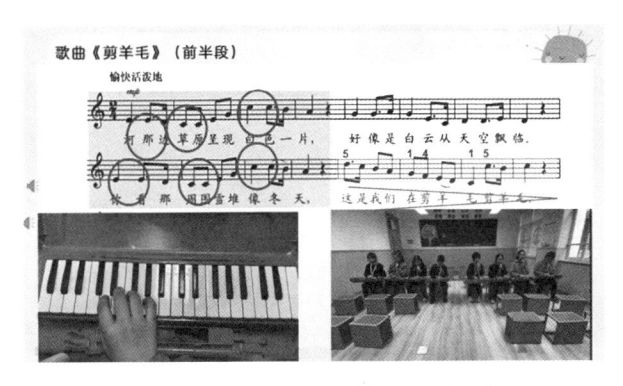

图 4-14 歌曲《剪羊毛》前半段的吹奏

（1）齐唱曲谱，观察旋律特点，并寻找歌曲演唱与口风琴吹奏时的共通点。

（2）吹奏歌曲的第四乐句（音阶旋律）。

师生交流：为第四乐句设计指法与吹奏时的力度变化。

（3）吹奏歌曲的第一、二乐句（旋律相同、同音反复）。

（4）吹奏歌曲前半段。分层吹奏要求：键盘基础较好以及对口风琴吹奏兴趣很大的同学可完整吹奏前半段，其余同学吹奏歌曲的第一、三、四乐句。

3. 评价环节

评价要点：指法正确、气息控制合理，有感情、有力度地表现歌曲的集体吹奏。

教学说明

学习要点：复习歌曲前半段的吹奏，用规范的指法和合适的力度来表现歌曲以及歌曲所表达的情感。

设计意图：通过自主学习，小组合作的方式，借助已学的指法运用、力度变化，思考在乐句中如何将歌曲的情感表达，通过气息的控制来表达力度的变化。

4. 歌曲后半段的吹奏

歌曲《剪羊毛》后半段的吹奏如图 4-15 所示。

图 4-15　歌曲《剪羊毛》后半段的吹奏

(1) 师生合作与交流。

要求:教师钢琴伴奏,生吹前半段,师奏后半段。

提问:歌曲后半段的旋律特点。

(2) 歌曲第四行的吹奏:①前半句(同音反复);②后半句(带附点的音阶,与第二行后半句相同)。

(3) 歌曲第三行的吹奏:①吹奏第三行;②最后 3 个音的演唱、音准的把握;③齐唱第三行。

(4) 歌曲后半段的完整吹奏。

5. 评价环节

评价要点:通过课堂学习口风琴的吹奏,通过自主学习和练习,在气息与吹奏技能的配合下,通过同伴互助,相互学习,触类旁通,共同理解歌曲,有感情地吹奏和演唱歌曲。

(三) 小结

(1) 齐奏歌曲。

（2）在执教者与同学沈琪皓的伴奏下齐唱歌曲。

（3）今天我们在课堂中吹奏口风琴，帮助我们有感情的演唱歌曲，课后，同学们可以根据今天所学到的吹奏和演唱的本领，尝试有感情地演唱歌曲第二段，也可以用我们的口风琴，以小组合作学习的形式，完成课本第 19 页活动与编创题，尝试为歌曲《剪羊毛》配上伴奏。

（4）歌曲《剪羊毛》作业布置如图 4-16 所示。

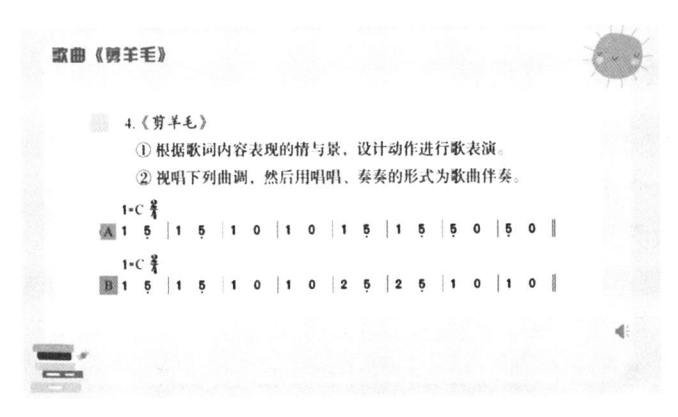

图 4-16 歌曲《剪羊毛》作业布置

教学说明

学习要点：歌曲完整的吹奏及演唱。

设计意图：借助同伴互助、小组合作的方式，通过口风琴的技能练习以及在歌曲中如何用气息的控制来表达歌曲的情感，将吹奏时气息的控制合理运用到歌曲演唱中。

【教学流程图】

教学流程图如图 4-17 所示。

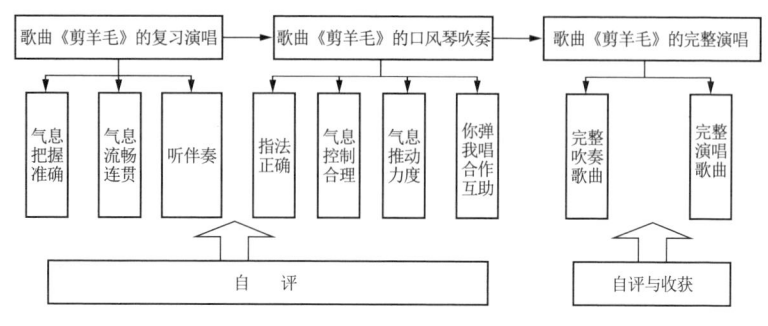

图 4-17 教学流程图

二、教学案例及反思

（一）主要教学环节与策略

本堂课是基于校情和学情，以《标准》为准绳，以上海市小学音乐学科教学基本要求为依据，通过在音乐课堂中丰富学生学习实践经历，在课堂中学习并吹奏口风琴，进行音乐表现性活动，通过表现，体验音乐的"美"，提升学生表现"音乐美"的能力。

在本堂课中，学习活动的设计和要求均尝试带有"层次性"，即根据学生的学习能力、学习兴趣提出有层次性的学习要求，并且以学生为主题，将已学的知识与技能在课堂中进行"举一反三"，自己做小老师，边讲解、边示范，突破学习重点；同时进行"相互伴奏"互帮互助，突破学习难点。

整堂课始终贯穿着"以琴促技，以技促情"的理念，设计的学习活动无论是双音音阶练习，还是歌曲的前后半段分别的复习表演均始终以《标准》理念中的"坚持以美育人、重视艺术体验"为准绳。在学习活动设计上，通过表现性活动的设计，让学生在自主学习中表现音乐，体验音乐的美，在集体吹奏和演唱的过程中，将所学知识技能运用在歌曲情感表达表现上，针对不同学习能力的同学进行分层目标要求，让学生们能通过小组合作学习，有所收获；通过表现，有所体验。总之,在一堂课中能获取音乐给自己带来的快乐,激发学习的兴趣。课后的"作业延伸"也可以使得学生带着课堂中所激发的学习"动力"继续学习与表现歌曲。

本课教学目标1中我是这样设定的:复习与巩固歌曲《剪羊毛》,吹奏口风琴,通过对已学口风琴吹奏技能技巧的思考与练习,学会倾听同学的交流;通过练习并"体察"口风琴吹奏时的气息控制在歌曲中的运用,在吹奏旋律的过程中体验并感知歌曲活泼的情绪所引出的剪羊毛工人自豪的情感表达;最终在同学的伴奏下,有感情地演唱歌曲。

在歌曲第三乐句高潮部分,我充分利用学生学习小组中的"传帮带"功能,在活动中让同学们各抒己见,并将自己对音乐的理解用口风琴吹奏的方式进行呈现,适时提出"要在演唱以及演奏力度上强一点""旋律表现得连贯一些"等要求。通过讨论和吹奏尝试,同学们在这个乐句的吹奏情感处理上发生了明显的变化,但同学们仍然没有忘记口风琴吹奏教材歌曲的目的是为歌曲演唱服务的,于是同学们提出,在此乐句的最后3个音"Sol、Do'、Re"的练习上采取"你来奏,我跟唱"的学习方法策略,通过这样的"互相帮助"+"慢练"的学习方式,学生们把握准了这首歌曲中的音准难点。

(二) 教学反思

对于本堂课的实际效果,由于是视频录像课,8位参与课堂实录的学生学习能力较强,且对音乐学习的素养有着一定的积累,因此在课堂中的效果与表现较好,能做到有情感地演唱歌曲《剪羊毛》,并能做到声音齐整,通过课堂中的互帮互助,充分的针对"共情力"进行了能力的培养。但还能在"小组合作"上可以给予多一点的"耐心",可以把更多的时间交给学生,尤其在45人的大课堂中,还会有更多的"键盘基础"弱的同学,该如何提出更"立体感十足"的分层学习要求,是需要思考的问题。

在席恒老师所著《核心素养导向的音乐教学实践探索》一书中，对于音乐课堂3类核心活动的解释中提到，在音乐表现性活动中，也就是在培养学生在审美体验中，是没有"固定的流程"和"限定的方法"的，而学生在学习的过程中，就是通过表现、体验音乐，为自己增加"学习音乐的经历"，从而积累"学习音乐的方法"，培养"学习音乐的能力"，即便是一堂课中没有"达成目标"，我们也可以将课堂目标进行"延伸"，让学生带着"兴趣"，将"审美体验"带至课外继续学习。在口风琴校本课程的思考过程中，我们仍然是秉着以"审美体验"为核心，将口风琴吹奏辅助音乐学习的能力培养以及对学生"交响力"的培育作为目的。

第五篇　陶园口风琴

李璐倩，上海市徐汇区东二小学，工作15年，一级教师，毕业于上海师范大学音乐学院小学教育专业。

曾荣获上海市中小学中青年教师教学技能比赛小学音乐二等奖，上海市第五届基础教育青年教师教学竞赛三等奖，徐汇区中小学中青年教师课堂教学评选一等奖，徐汇区教育系统荣昶骏马奖提名，指导学生团队获得全国中小学艺术展演活动合唱一等奖，上海市中小学艺术展演合唱一等奖，徐汇区合唱节中小学生合唱比赛一等奖等奖项。

第一章 导　语

《义务教育艺术课程标准(2022版)》(以下简称《标准》)明确了新时代人才的培养要求,秉持素养导向,凸显教学过程中学生能力的培养,音乐的育人价值越来越受到人们的重视。而器乐教学是《标准》中表现领域的重要学习内容之一,器乐演奏为学生开辟了体验、表现音乐的新途径。

在此背景下,东二小学持续推进"双减"背景下的学科活动建设,开展《陶园口风琴》校本课程研发,秉承"求真教育"理念,扎实推进"器乐进课堂"教学活动,不断丰富校园文化生活,有效激发学生对乐器学习的兴趣,让新课标理念根植于课堂,使课堂器乐教学更具有时代性和综合性。

第二章　课程设计

一、课程框架

器乐校本课程《陶园口风琴》以器乐校本课程开发过程中各种问题以及学校办学特色为切入点进行设计,始终站在"以学生为中心"的角度开发课程,关注课程设计的综合性、经历性和策略性,提升音乐学习能力和深度思考能力,落实立德树人的根本任务。课程明确了开发目标和开发内容,在完善课本开发实践内容的同时,有计划、有目的、有针对性地进行校本教材的实施,并在实施过程中进一步观察、研究、完善,为课程框架创设真实、有序的研究环境。

(一) 背景分析

器乐教学是体验音乐的桥梁,器乐演奏,不但能给学生最直接的音乐体验、陶冶性情、培养艺术才华,而且还能挖掘学生的潜能,起到开发心智的作用。口风琴是一种有键盘的吹奏乐器,属于簧片乐器的吹奏乐器。它既保持了键盘乐器的特性,又吸取了吹奏乐器的特点,选择开设口风琴校本课程,其优势表现为便携、直观、易操作、具有固定音高、适宜集体教学等方面。

目前,东二小学学习键盘乐器的学生数量比较多,因此口风琴学习具有广泛的学习基础。为了拓宽校园艺术领域,提升多元化的校园文化,把口风琴引入东二小学"少年宫"课程,实施以核心素养为导向的口风琴校本课程,将口风琴作为东二小学特色兴趣课程项目创建为目标,重视整合课堂音乐学习基础,营造情境化、脉络化的课程学习氛围,响应学生的个别差异和学习需求,与时俱进地规划课程设计、实施评价和教材创新,提高学生学习音乐的兴趣,促进学生的音乐综合素养。

(二) 课程理念

让"以学生为中心"的理念融入口风琴校本课程开发与建设之中,以乐促德,以乐健体,以乐启智,以乐育人,把课程作为造就人才的重要载体,丰富学校个性化和多样化的课程学习资源。关注器乐演奏与其他艺术表现形式的融合和迁移,根据学生认知规律,由浅入深,循序渐进,奏、唱、听、动相结合,互相渗透,充分发挥音乐艺术本身的特点,让学生在音乐实践中,通过自觉、主动地感受音乐,以及自己动手创造音乐取得学习音乐的兴趣,从而更好地落实核心素养。

(三) 课程目标

1. 技能目标

通过口风琴演奏激发学生思维的多样性，促进眼、耳、口、手等多种感官协调发展；在学习口风琴的同时熟识五线谱，将识谱教学有效地结合乐器的演奏，将两者进行融合；掌握一些口风琴的吹奏技巧和指法技巧。

2. 综合素养目标

通过演奏口风琴等音乐实践活动，表达音乐的美以及作品所表现的思想内涵；在自主参与音乐实践的各个环节，提升音乐表现的信心和能力，培养个人与集体间的交流合作能力；不断开发学生心智，激起想象，引导创新。

3. 育人目标

通过口风琴课程学习，探究、发现和领略音乐的艺术魅力，培养学生对口风琴这门乐器的持久兴趣，良好的行为习惯和宽容理解、互相尊重、共同合作的意识，涵养美感、和谐身心、陶冶情操、健全人格。

(四) 课程教学目标与内容

1. 课程教学目标

以布鲁姆教育目标分类学为参照，课程教学目标分为"认知"和"情感"两个主要领域。"认知"领域目标指向核心素养中的"关键能力"的内涵要素，即"审美感知""艺术表现""创意实践"和"文化理解"；"情感"领域的目标指向核心素养中"必备品格"的内涵要素，即"审美观念"和"实践态度"。

课程教学目标见表5-1。

表 5-1　课程教学目标

内容		教学目标	素养内涵	目标领域
感受与欣赏	音乐要素	感知乐曲的力度、速度、节奏、节拍、旋律、调式等音乐要素在乐曲中的表现作用,在教师的引导下分析乐句的旋律特点	审美感知	认知
	音乐情感与形象	在演奏乐曲时关注音乐的情绪情感,体验乐段的变化,结合音乐术语,用语言描述对不同音乐情绪和形象的感受		
表现与创演	实践态度	1. 愿意与他人合作、与集体协同开展器乐表演,乐于与老师和同伴分享、交流自己的感受,形成乐观向上、自信大方的学习态度; 2. 爱护口风琴,关注口风琴的保养和维护,养成良好的使用习惯	必备品格	情感
	演奏技巧	1. 积极参与独奏、领奏、合奏、协奏等活动,知道开展口风琴表演的基本方法; 2. 能用坐式和立式两种姿势吹奏口风琴; 3. 掌握口风琴的呼吸方法和不同的吐音技巧; 4. 按照音乐的速度和节拍进行演奏; 5. 学会右手的基本手型,用合理的指法进行弹奏,在练习中不断提高手指独立运动的能力	艺术表现	认知
乐理与识谱	识读乐谱	1. 按照音符与休止符的正确时值识读节奏; 2. 能够正确地视奏乐谱; 3. 按照音乐记号与术语读谱演奏; 4. 在乐谱识记、保持、再现的过程中形成音乐记忆力	艺术表现	认知

2. 课程教学内容

课程教学内容见表 5-2。

表 5-2　课程教学内容

单元序列	单元题目	课序	课程内容	内容要点和目标指向
第一单元	兴趣培养	1	认识我的口风琴	了解口风琴的构造和发音原理,初步学会运用正确的呼吸与指法配合,感受力度、音色、音阶、音高的变化; 目的:培养学生对口风琴学习的兴趣
		2	吹起我的口风琴	
		3	"肚子里的小皮球"——气息的运用	
		4	"手指士兵进行曲"——正确的指法	
第二单元	技巧练习	5	《划船歌》《小鸭子》	巩固、通过一些简单的乐曲练习,学会常用指法技巧,并完整、流畅地进行演奏; 目的:提高学生的演奏技能及视奏能力
		6	《音乐台阶》《小蜜蜂》	
		7	《祝你生日快乐》《小猫圆舞曲》	
		8	《闪烁的小星》《踏级石》	
第三单元	齐奏巩固	9	《调皮的小星星》——变拍子	培养学生对旋律、节奏、音准、音色、速度和力度方面的感受; 目的:为重奏阶段做准备
		10	《轻盈的欢乐颂》——变力度	
		11	《愉快的粉刷匠》——变速度	
		12	《我的小宝宝》——变奏综合	
第四单元	重奏升华	13	《竹子冒尖尖》	通过器乐重奏训练引导学生形成集中的注意力,敏捷的反应和应变能力,以统一整齐的音色和力度,把自己融合在旋律之中与同伴合作(横向); 目的:感受优美的旋律美与和谐的和声效果(纵向)
		14	《我的家在日喀则》	
		15	《只怕不抵抗》	

(五)学业质量评估标准

学业质量评估标准见表 5-3。

表 5-3 学业质量评估标准

评价内容	评价观测点	表现标准	评价维度
音乐要素	探索乐曲节拍强弱规律,速度、力度及其变化,分析旋律特点的情况	□ 能用自己的语言描述对音乐要素的感受; □ 在教师的引导下,通过口风琴演奏感知旋律的起伏或节奏的疏密; □ 能主动、自主地探索和交流; 等第标准说明: ★★★ 完成3项; ★★ 完成2项; ★ 完成1项	学业成果
音乐情感与形象	阐述对不同作品产生情境与形象感受的情况	□ 能根据音乐要素,说出对乐曲情境与形象的联想和想象; □ 对比表达对不同乐曲情绪的感受; □ 能主动、自主地描述和分享; 等第标准说明: ★★★ 完成3项; ★★ 完成2项; ★ 完成1项	学业成果
实践态度	正确维护及保养口风琴的情况	□ 注意手部和口腔清洁,吹奏之前要洗手和漱口; □ 吹奏后打开排水塞,将琴体内的水气排出; □ 定期清洗吹管,擦拭琴身; 等第标准说明: ★★★ 完成3项; ★★ 完成2项; ★ 完成1项	学习兴趣
	与同伴交流合作的情况	□ 愿意接受演奏声部的分工; □ 乐于和老师、同伴交流练习或合作时的感受; □ 能在表演中充分地与同伴协作; 等第标准说明: ★★★ 完成3项; ★★ 完成2项; ★ 完成1项	
口风琴演奏技巧	1. 基本演奏姿势的掌握情况	★★★ 能用正确的立式演奏和坐式演奏两种不同的吹奏姿势演奏乐曲; ★★ 能用一种正确的口风琴演奏姿势吹奏乐曲; ★ 在教师的帮助和指导下,能用坐式演奏姿势进行吹奏	学业成果

续表

评价内容	评价观测点	表现标准	评价维度
口风琴演奏技巧	2. 呼吸法的习得	★★★ 以自然放松的状态,用腹部呼吸法吸气和呼气,根据乐句的结构特点,在准确的时机进行换气; ★★ 用腹部呼吸法吸气和呼气,懂得换气的时机; ★ 用腹部呼吸法吸气和呼气,在教师的指导下进行换气	学业成果
	3. 连音、跳音、指跳音演奏技巧	★★★ 能够灵活运用连音、跳音、指跳音3种演奏技巧,表现连贯、跳跃、有颗粒感的乐句; ★★ 能够掌握两种不同的演奏技巧,为乐曲服务; ★ 在充分的帮助下,学会一种基本演奏技巧	
	4. 指法与手型情况	□ 右手的每个手指养成独立运动的能力; □ 演奏过程中始终保持自然放松的正确手型; □ 能够根据乐曲特点,运用合理的指法进行弹奏; 等第标准说明: ★★★ 完成3项; ★★ 完成2项; ★ 完成1项	
	5. 吐音演奏技巧与方法	★★★ 能够根据乐曲的特点,合理运用单吐、双吐和三吐这3种不用吐音技巧吹奏同音、同音程或同和弦; ★★ 能够根据乐曲的特点,合理运用单吐和双吐这两种不用吐音技巧吹奏同音、同音程或同和弦; ★ 学会运用单吐的吐音技巧吹奏	
识读乐谱	1. 按照音符与休止符的正确时值识读节奏的情况	□ 能正确识读由常用音符与休止符组成的各种节奏型; □ 能正确识读带有附点、切分的特殊节奏; □ 能在统一的节拍和速度中识读、拍击; 等第标准说明: ★★★ 完成3项; ★★ 完成2项; ★ 完成1项	学业成果

续表

评价内容	评价观测点	表现标准	评价维度
识读乐谱	2. 视奏乐曲的情况	★★★ 能用平稳的速度，完整正确地视奏乐曲； ★★ 能按正确的节奏完整视奏乐曲，有个别错音失误； ★ 能按正确的节奏视奏乐曲，有错音失误，不能保证乐句的完整性	学业成果
	3. 按照音乐记号与术语读谱演奏的情况	★★★ 能按照常见的音乐记号与术语，有表情地进行演奏； ★★ 能在提示下，按照常见的音乐记号与术语的含义演奏； ★ 能模仿他人，按照常见的音乐记号与术语的含义演奏	
	4. 正确背谱记忆的情况	★★★ 通过反复练习和记忆，能完整背诵5首以上的乐曲； ★★ 通过反复练习和记忆，能完整背诵至少3首以上的乐曲； ★ 通过反复练习和记忆，能完整背诵1～2首乐曲	

二、课程样张

（一）版面设计

为了激发学生的学习兴趣，《陶园口风琴》课程样张设计会以图文并茂的形式呈现在学生面前，同时设置了问题、注意点、演奏要求，并且以我校的卡通形象大使——"小陶子"——为主题形象，用儿童化的语言标识出来。"快乐 Do Re Mi"课程样张如图 5-1 所示。

（二）呈现形式

课程样张中引导学生用之前学到的观念、方法和思维方式来表现一个全新的作品，突出"联结""生成""迁移"3 个学习要素，比如

126　小学音乐学科固定音高乐器特色课程设计

四. 快乐 Do Re Mi

在图上找到 Do、Re、Mi 3 个琴键，用自己喜欢的颜色或图形做好记号

1. 换气练习

弹奏找到琴上的 Do 键，把右手 1 指放在 Do 键上，弹奏时均匀吐气，"V"时快速吸气，别忘了正确的手型哦！

2. 长短音练习

开火车：（长音练习）呜————
拖拉机：（短音练习）突 突 突 突

图 5-1 "快乐 Do Re Mi"课程样张

《闪烁的小星星》一课设计了一系列的驱动性问题："我们可以用什么学过的变奏方法对《闪烁的小星星》进行变奏？""比较一下，二拍子的小星星与三拍子的小星星在情绪有什么不同？""这段旋律表现了怎样的小星星形象？""你能为它起个名字吗？"这样的驱动型问题是从旧知到新知问题解决的历程，通过问题的深入，引导学生能够举一反三、融会贯通地运用变奏的知识表现舞曲版和行进版的《闪烁的小星星》。这不仅是一种高效的学习方式，也是素养立意的基本需求。"闪烁的小星星"课程样张如图 5-2 所示。

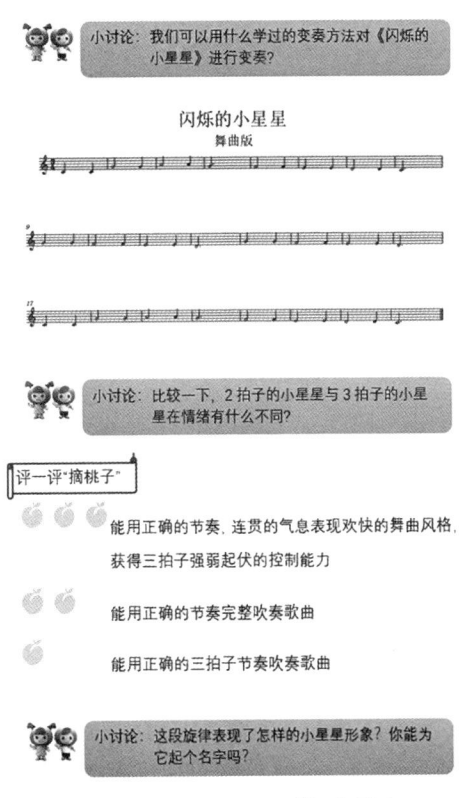

图 5-2 "闪烁的小星星"课程样张

(三) 教学资源

根据学生学情和内容需求,教学作品的选择讲求连贯性、整体性和适宜性。在课程样章中的谱例大多以短小精炼、朗朗上口且学生耳熟能详的歌唱作品为主,同时选取了部分音乐教材中的作品对应不同的口风琴吹奏技巧进行呈现,以此适应学生的经验和学习能力,迎合学生的兴趣和需求。"闪烁的小星星"口风琴吹奏谱例如图 5-3 所示。

闪烁的小星星

图 5-3 "闪烁的小星星"口风琴吹奏谱例

(四) 评价形式呈现

本课程评价着眼于音乐学习的整个过程,对学生的学习态度、情感表现、技能掌握程度、音乐表现力和创造能力等方面进行评定,在形成性检测的基础上,对单元学习进行终结性评价相结合,对学生的学习过程做真实记录,充分借助评价的教育、激励与改善功能,帮助学生在反思中不断改进,获得发展。单元评价表样例如图 5-4 所示。

评价内容	学习结果核查
能用平稳的速度、准确的指法、节奏准确且清晰的吐音技巧有表情地吹奏歌曲	□能　　□不能
能够和伙伴合作用歌唱、舞蹈和乐器演奏共同表现歌曲	□能　　□不能

评价观测点	表现标准
参与综合表演的情况	★★★ 在老师的组织和提示下,乐于和同伴一起分工开展唱、奏、舞等综合表演活动; ★★ 能通过模仿老师,用自然、欢快的歌声表现歌曲,参与综合表演活动; ★ 通过模仿用简单的歌曲表演动作参与综合表演活动
对变奏方式的掌握情况	★★★ 能用改变节拍、改变节奏型、变化速度等方法表现同一首作品; ★★★ 能用1～2种变奏方式表现同一首作品; ★ 通过模仿运用1种方式表现同一首作品
以模仿、听奏的方式吹奏歌曲的情况	□ ① 能与同伴一起用自然的声音,有感情地吹奏歌曲; □ ② 能始终按照歌曲的速度吹奏; □ ③ 吹奏时吐音清晰;音色饱满; 等第标准说明: ★★★ 能做到①②③; ★★ 能做到①②; ★ 能做到①

图 5-4　单元评价表样例

第三章　单元实施方案

核心素养下的校本课程单元整体设计是以单元作为教学基本单位进行教学活动,在实践中逐步优化和完善教学内容,力求满足不同学生的学习需求,每个教学单元的音乐作品都以口风琴为切入口,涉及歌唱、聆听、演奏、编创等音乐活动,在内容的组织上讲求逻辑,使学生在学习一个大单元的过程中,能够完成对于某个观念的理解,把握甚至运用。以下呈现本课程第三单元《"我的小宝宝"变奏综合》的具体实施方案。

一、单元概述

本单元选用的教材作品有两首,第一首为《我的小宝宝》,选自于二年级唱游第二学期第三单元中的歌唱内容,另一首为《闪烁的小星星》,选自一年级唱游第二学期第三单元中的欣赏内容。

本单元围绕核心概念"变奏手法的基本运用"整理为两条线索(共计2课时):①同一乐曲中进行变奏可以表现不同的音乐形象;②口风琴丰富的演奏技法表现变奏后的情绪变化。

通过上述作品重构的微单元,通过口风琴吹奏学习,掌握简单的变奏手法,体验变奏情绪变化的过程,让学生体验到"变奏"可以使音乐的情绪发生变化,使得音乐更具表现力,从而培养学生的多元性创新思维和综合表现能力。

二、单元教材分析

1. 单元教学内容

单元教学内容见表5-4。

2. 单元基本问题

本单元教学内容侧重于3项学科核心内容中音乐的表现力,同时兼顾音乐的创造力,本单元基本问题可概括如下。

(1) 变奏的基本手法有哪些?

(2) 变奏手法的运用对音乐情绪会产生怎样的影响?

三、单元教法分析

单元教法分析见表5-5。

第五篇　陶园口风琴

表 5-4　单元教学内容

内容	关键特征分析	教学内容关联性分析
《我的小宝宝》	1. 原曲是一首简单的儿童歌曲，4/4 拍，共 8 小节，音域只有五度，吹奏时手位没有变化，前 4 小节用旋律平稳地模进，后 4 小节以二分音符的节奏型和下行五度的旋律进行，使得音乐在平稳中富有荡漾之感，形象地刻画了妈妈摇着摇篮，小宝宝甜美入睡的生动形象； 2. 变奏通过节拍变化，由原本平稳的四拍子变为活泼动感的三拍子舞曲节奏，表现出轻快的圆舞曲风格，好似梦中宝宝在妈妈的怀抱里跳起了快乐的舞蹈	1. 两首作品均通过"吐"与"酷"，运用气息的连和断来表现变奏后的情绪变化； 2. 两首作品的变奏均可以通过改变节奏、拍号、速度来实现
《闪烁的小星星》	1. 原曲是一首法国的儿童歌曲，2/4 拍，共 12 小节，六度的音域，A-B-A 的曲式结构，全曲使用四分音符和二分音符的组合形式，旋律优美，起伏较小，优美而平稳的旋律，形象地描绘了宁静晴朗的夜空中星光熠熠闪烁的景色； 2. 变奏通过节拍、节奏的变化，表现出俏皮、神气、可爱的不同星星的形象	
说明	根据学生目前学情，两首乐曲均用 C 大调来吹奏	

表 5-5　单元教法分析

理解线索	基本要求	关键学法与能力侧重点	课时
① 同一乐曲中进行变奏可以表现不同的音乐形象	☑ 感受与欣赏音乐要素；音乐情感与形象 ☑ 表现与创演实践态度；演奏技巧 ☑ 乐理与识谱识读乐谱	1. 听觉与联觉反应 （1）通过聆听对比，感受变奏在歌曲中的表现作用，交流对歌曲情景的联想和想象； （2）结合对歌曲情境的联想，在老师的指导和提示下，借助动作、语言等方式与老师、同伴交流对音乐的想象； 2. 乐感与美感表现 （1）根据老师的提示改变歌曲的节拍，丰富歌曲的表现力； （2）能用连贯的气息、饱满的声音有感情地吹奏歌曲，表现摇篮曲和舞曲两种体裁风格； 3. 即兴编创与创造 （1）探索选用合适的变奏形式表现歌曲，模拟各种不同的情绪特点； （2）根据音乐的情境需要，分小组为歌曲选择合适的变奏形式，排演合奏	1

续表

理解线索	基本要求	关键学法与能力侧重点	课时
②口风琴丰富的演奏技法表现变奏后的情绪变化	☑感受与欣赏 音乐要素； 音乐情感与形象 ☑表现与创演 实践态度； 演奏技巧 ☑乐理与识谱 识读乐谱	1. 听觉与联觉反应 （1）通过反复聆听、对比，感知连贯和短促吹奏技巧在歌曲中表现的不同形象； （2）借助不同的肢体动作表达对歌曲断连形态的感悟； 2. 乐感与美感表现 （1）能用长短两种不同的两种吐音方法吹奏歌曲，体会不同层次、不同位置的音乐律动关系； （2）模拟范例，结合对音乐的联想，用断和连的不同组合形式表现乐曲； 3. 即兴编创与创造 知道变奏编创的简单方法，在老师的启发下与同伴合作完成变奏创编	1

四、单元目标

（1）通过辨析、模仿、收集和总结，发现并知道变奏的各种不同的方法手段，联想和想象音乐所表现的场景和形象，借助歌声、动作、乐器演奏进行表现，从而激发音乐表现的兴趣。

（2）运用比较、模仿、反思相结合的方法，在师生、生生合作的过程中学会用整齐的声音，准确的节奏，用两种不同的吐气方法吹奏歌曲。

（3）探索利用节拍的变化、节奏型的变化和速度的变化，尝试根据不同的情绪表现，选择合适的变奏手法，在同伴互助中提高音乐探究能力。

五、单元课时设计

1. 课时目标与关键问题

课时目标与关键问题见表5-6。

表 5-6　课时目标与关键问题

课序	课时目标	课时关键问题
第1课时	1. 用口风琴唱奏结合的形式,平稳连贯、准确演唱歌曲《我的小宝宝》,表现歌曲宁静安详的意境; 2. 通过聆听范唱、情景律动、模唱等活动,用口风琴同指移位演奏并轻柔得唱歌曲,想象并表现妈妈温暖亲切的音乐形象; 3. 通过口风琴二声部合奏、律动创编、小乐器伴奏等活动,进行歌曲变奏创作,感受并表现摇篮曲摇曳感,进一步有感情地演唱歌曲	1. 怎样吹出优美的长音来表现乐曲宁静、安详的情绪; 2. 当乐曲变成 3/4 之后,你觉得小宝宝做了一个怎样的梦?
第2课时	1. 通过变奏手法的简单运用,了解同一乐曲中进行变奏,可以表现出不同的音乐形象,体验不同的音乐情绪; 2. 通过课外收集变奏曲和在课内对《闪烁的小星》即兴变奏和表演,培养学生多元性的创新思维与综合能力; 3. 巩固口风琴吐奏法,能运用气息的断连对比,表现变奏后的情绪变化	1. 你还记得我们学过哪些变奏方法吗? 2. 2/4 拍的小星星和 3/4 拍的小星星在音乐的情绪上有什么不同?

2. 课时评价设计

根据目标达成的需要,设计了简单核查表和等级量表这两个工具表,用来检验学习的成效。简单核查表和等级量表分别见表 5-7 和表 5-8。

表 5-7　简单核查表

评价内容	学习结果核查
能用平稳的速度、准确的指法、节奏准确且清晰的吐音技巧有表情地吹奏歌曲	□能　　□不能
能够和伙伴合作用歌唱、舞蹈和乐器演奏共同表现歌曲	□能　　□不能

表 5-8　等级量表

评价观测点	表现标准
参与综合表演的情况	★★★ 在老师的组织和提示下,乐于和同伴一起分工开展唱、奏、舞等综合表演活动; ★★ 能通过模仿老师,用自然、欢快的歌声表现歌曲,参与综合表演活动; ★ 通过模仿用简单的歌曲表演动作参与综合表演活动

评价观测点	表现标准
对变奏方式的掌握情况	★★★ 能用改变节拍、改变节奏型、变化速度等方法表现同一首作品； ★★ 能用1~2种变奏方式表现同一首作品； ★ 通过模仿运用1种方式表现同一首作品
以模仿、听奏的方式吹奏歌曲的情况	□ ①能与同伴一起用自然的声音，有感情地吹奏歌曲； □ ②能始终按照歌曲的速度吹奏； □ ③吹奏时吐音清晰，音色饱满； 等第标准说明： ★★★ 能做到①②③； ★★ 能做到①②； ★ 能做到①

第四章　课堂实践案例

任何一个单元作品都需要通过教学实施，才能对学生进行能力和思维培养，才能产生现实的教学价值。因此基于大单元的教学设计可以让教学实施环节形成清晰的流程，让每一首作品的教学设计有助于学生找到所思、所悟的逻辑定位，化抽象化的音乐感知为形象化的音乐理解。以下是《我的小宝宝》一课教学设计与案例反思，供读者借鉴：

一、教学设计

【课题】

《我的小宝宝》。

【课时】

《陶园口风琴》第三单元第四课时。

【教学内容】

(1) 复习演唱并吹奏《我的小宝宝》。

(2) 变奏创作。

【教学目标】

(1) 用口风琴唱奏结合的形式,平稳连贯、准确地演唱歌曲《我的小宝宝》,表现歌曲宁静安详的意境。

(2) 通过聆听范唱、情景律动、模唱等活动,用口风琴同指移位演奏并轻柔地演唱歌曲,想象并表现妈妈温暖亲切的音乐形象。

(3) 通过口风琴二声部合奏、律动创编、小乐器伴奏等活动,进行歌曲变奏创作,感受并表现摇篮曲摇曳感,进一步有感情地演唱歌曲。

【教学重点】

根据音高、调式、节拍的不同,想象音乐所描绘的场景,并用歌声、乐器和舞蹈进行表现。

【教学难点】

口风琴两声部合奏以及律动创编。

【评价环节与要求】

评价环节与要求见表5-9。

表 5-9 评价环节与要求

评价环节与内容	评价要点	评价形式	目标指向
评价环节一:唱奏复习	用连贯的气息表现妈妈摇着摇篮,小宝宝甜美入睡的生动形象	教师评价	目标1
评价环节二:同指移位	正确采用同指移位的方法对乐曲进行转调处理,能尝试与同伴进行两声部合奏	教师评价	目标2、3
评价环节三:节拍变奏	通过模仿学习,乐于尝试运用改变节拍的方式对乐曲进行节拍变奏	生生互评	目标2、3
评价环节四:综合表演	乐于参加,与小伙伴合作完成唱、奏、演的综合表演活动	师生互评	目标3

【教学过程】

1. 复习导入,丰富音乐表现力

(1) 复习吹奏《我的小宝宝》。

(2) 思考:在这首乐曲的吹奏过程中,有什么需要注意的地方?

(3) 师生交流:气息饱满流畅,保持手位不变。

(4) 口风琴齐奏。

(5) 师钢琴伴奏,生齐唱《我的小宝宝》。

师:如此优美的琴声,让老师沉浸在了这片宁静的夜晚之中,不禁想起床边妈妈的歌声。我们以同样的要求,用轻柔、连贯的声音来演唱歌曲吧,注意乐句的呼吸。

(6) 男生吹奏,女生演唱并交换角色。

教学说明

活动类型说明:此环节既有体验性活动,又有表现性活动。

难点指导与反馈(评价)要点说明:在复习吹奏中回忆上一课所学知识,共同交流已知的吹奏要求和注意事项。将用连贯、轻柔的气息吹奏口风琴时积累的经验,进一步带入并迁移到歌曲演唱中,感受摇篮曲宁静、安详的风格韵味。

2. 歌曲处理,加深音乐理解

(1) 教师范唱(G调)。

关键设问:老师歌声和同学们刚才唱的有何不同?

(2) 师生交流:音调变高,声音更温柔。

设问:老师的歌声,让你想起了谁? 歌曲中哪一句体现了妈妈无尽的爱?

(3) 演绎摇篮的动作并演唱第三乐句。

(4) 跟随钢琴伴奏齐唱歌曲(G调)。

(5) 教师指导采用同指移位的方法练习演奏。

(6) 小组练习并展示转调版本《我的小宝宝》。

> **教学说明**
>
> **活动类型说明**：此环节既有体验性活动，又有表现性活动。
>
> **难点指导与反馈（评价）要点说明**：①环节1、2初听老师演唱歌曲转调后的版本，听辨音高变化，结合对摇篮曲形象的认知，初步交流对音区高低变化的理解，能结合轻声高位置的演唱，体会歌曲中传递的浓浓母爱；②环节3、4尝试借助钢琴音高用连贯的声音哼唱G调主题旋律，进一步感受歌曲富有歌唱性的特点，同时在引导学生模仿演绎妈妈摇摇篮时的动作过程中感受乐曲的情绪，联想音乐所表现的场景；③环节5、6通过观察和模仿，学会运用同指移位的方法用G调吹奏乐曲。

3. 抓住音乐形象，尝试合作吹奏二声部

(1) 邀请一名学生与老师共奏一曲。

关键设问：老师弹奏的旋律有什么特点？让你想到在这宁静、璀璨的夜空中，是谁在陪伴着宝宝入睡？

(2) 自学吹奏第二声部旋律。

(3) 师生合作，二声部齐奏《我的小宝宝》。《我的小宝宝》二声部版本曲谱如图5-5所示。

我的小宝宝
二声部版本

图 5-5 《我的小宝宝》二声部版本曲谱

4. 改变节拍环节,持续积累经验

(1) 教师弹奏舒伯特 4/4 和莫扎特 6/8《摇篮曲》主旋律。比较:哪首摇篮曲的音乐韵律与《我的小宝宝》相似?

(2) 再听老师演奏莫扎特 6/8 拍旋律。

关键设问:你能模仿老师创编的第一乐句(如图 5-6 所示),尝试编一编第二、第三和第四乐句,把它变成一首三拍子的歌曲吗?

图 5-6 第一乐句

(3) 小组讨论创编。

(4) 小组展示。

设问:睡梦中的宝宝做了些什么美梦?

(5) 邀请学生跟着音乐自由律动。

(6) 教师指导踏点步,师生共舞(第一段踏点步,第二段自由律动)。

(7) 小乐队综合表演:口风琴组、三角铁组、演唱组、舞蹈组。

教学说明

活动类型说明:此活动板块既有体验性活动,又有表现性活动和创造性活动。

> 难点指导与反馈（评价）要点说明：①环节1、2、3、4通过欣赏教师的演奏，引导学生关注两首摇篮曲不同的节拍韵律，结合对《我的小宝宝》旋律特点的了解，模仿教师创编的第一乐句，尝试小组讨论并改编成一首三拍子的乐曲；②环节5、6能和老师、同伴交流聆听的感受，通过肢体动作的学习与创编，进一步感受三拍子乐曲荡漾的感觉，能够联系音乐形象并跟随音乐即兴舞蹈；③环节7能和同伴有序分工，在唱唱、奏奏、跳跳、敲敲的过程中释放内心情感。

5. 小结下课

二、教学案例及反思

1. 复习导入，丰富音乐表现力

这节课是《我的小宝宝》的第二课时，在第一课时中，学生已经初步学会了演唱歌曲，并在C大调的手位上进行口风琴吹奏。因此，在导入环节，先用口风琴吹奏的方式来复习歌曲的旋律，并进一步指导学生掌握同指移位的技巧，关注乐句的呼吸。通过优美的琴声，勾起学生对于摇篮边妈妈歌声的回忆，在口风琴长音的吐气技巧中获得实践经验，进而把它运用到歌声当中，引导学生尝试用类似于口风琴吹气时的状态，在教师优美的钢琴伴奏声中，用更加轻柔、连贯的声音来演唱歌曲，加强对音乐表现的实践体验，表达对歌曲情感的理解。

2. 歌曲处理，加深音乐理解

此时，教师将歌曲进行了转调，由C大调转到了G大调，通过教师声情并茂的范唱，学生在对比之下，不仅感受到了音高的变化，同时也会发现，声音也会变得更加轻柔而富有感染力，不由自主地联想起了自己的妈妈。在这种情绪带动下,教师可出示关键性问题,那就是"歌曲中哪一句体现了妈妈无尽的爱?"学生自然而然地会找到"摇啊,摇啊"这句话,通过设计摇篮的动作,进一步体会旋律摇曳的感觉,用情绪和动作来帮助自己唱好并唱准五度音程。在温馨的氛围中,感受"自己当一次爸爸妈妈,为宝宝唱一次摇篮曲"的情绪,基于之前的学习经验,此时此刻,学生对于歌曲情绪和情感的感受也将上升一个层次。随后,教师引导学生带上口风琴,采用同指移位的方法来试着演奏高音区的旋律,把1指放在Sol键,5指放在Re键,用相同的指法来演奏,学生的好奇心一下子就被激发起来了,虽然移动了手位,但是指法不变,音程距离不变,对于学生来说掌握起来没有太大的困难,在和教师合作演奏整首歌曲的过程中,使他们获得了成就感,这里看似"淡化技能",实则"强化基础",在转调过程中提高探究的能力,使学生在不知不觉中提前熟悉新授歌曲容易混淆的难点乐句、为接下来的新授教学铺路。

3. 抓住音乐形象,尝试合作吹奏两声部

这个环节中,教师首先邀请一位学生共奏一曲,并请同学们边听边思考:"老师弹奏的旋律有什么特点?"这里,运用了三度音程的和声效果,在学生演奏第二乐句"Mi Mi Fa Sol Sol Fa Mi Fa Mi"的同时,老师加入了另一个下方三度的声部"Do Do Re Mi Mi Re Do Re Do",通过聆听对比,学生会发现声音的叠加,使得音乐的层次显得更加丰富了。为了迎合学生的认知特点,教师用形象性的语言帮助学生感知音乐的层次,提出了一个关键性问题:"听着这段音乐,让你想到在这宁静、璀璨的夜空中,是谁在陪伴着宝宝入睡?"孩子们的想象力是非常丰富的,在夜晚的情境中,他们会联想到月亮、星星、夜风或是萤火虫。通过出示媒体,他们进一步地发现两条乐句的规律,一句在高处,一句在低处。伴随着妈妈亲切的摇篮曲,星星挂在高高的枝头一同歌唱,有了这样的联想,教师便可以和学生用两声部的形式进行吹奏,在师生二声部合作和男女生二声部合作中巩固演奏技能,激发合作意识,并交流彼此的感受。值得一提的是,这样的感受和体验活动是基于音乐的情感形象而出发的,在教师充分的提示和启发下,把对音乐的感受联系生活经验并展开想象,把原本深奥难懂的和声通过对形象事物的联想进行理解,同时,也激发了学生积极求知探索的态度,在轻松、有趣的氛围中提升音乐基本技能。

4. 改变歌曲节拍,持续积累经验

本课是围绕着"摇篮曲"这一音乐体裁进行学习体验的,我们欣赏了不同版本的摇篮曲,平稳、优美、抒情的音乐形象已经深入人心了,然而他们之间的联系又是怎样的呢?这里,教师用钢琴弹奏了两首摇篮曲的主旋律,一首是舒伯特的摇篮曲,一首则是莫扎特的摇篮曲,一首是4/4拍,一首是6/8拍。听完之后,请比较:哪首摇篮曲的音乐韵律与《我的小宝宝》相似?二拍子的节拍韵律和三拍子的节拍韵律是不同的,通过联想和对比,学生会发现,舒伯特创作的这首摇篮曲的节拍韵律和我们今天学习的《我的小宝宝》是相似的,那么我们能不能改变歌曲的节拍呢?改变之后又会呈现出怎样的效果呢?这个时候,学生的探索欲望一下子被激发起来,此时教师便可首先用钢琴示范演奏三拍子舞曲风格的《我的小宝宝》,并提问"你觉得睡梦中的宝宝做了些什么美梦呀?"学生也会畅所欲言,表示"欢快活泼的旋律给人以耳目一新的感觉,也许是在梦中欢快地舞蹈,也许是在梦中尽情地游戏",教师便可鼓励"那就把你所想象到的场景表现出来吧!"就这样,教师邀请一位学生跟随音乐自己律动,指导大家用踏点步来感受3拍子的强弱规律,第一段用踏点步,第二段自由律动,尝试用身体动作来表现对三拍子的感受,以此来评价学生是否能够感知三拍子的强弱规律,培养学生对音乐的联觉反应能力。还可以引导学生分小组组成小乐队,加入三角铁和口风琴,师生共舞,使学生获得个性发展的空间与潜能,让学生从音乐表演中获得愉悦感受与体验,激发学生对音乐的兴趣,最大程度地释放内化的情感,从而升华了"摇篮曲"的主题。

参考文献:

[1] 杜宏斌.新版课程标准解析与教学指导(2022年版)[M].北京:北京师范大学出版社,2022.

[2] 蔡清田.核心素养导向的校本课程开发[M].长春:东北师范大学出版社,2020.

第六篇 笛声欢唱

耿坚,上海市教育科学研究院实验小学,音乐学科中学高级教师,上海市教育学会中小学音乐教育委员会委员。

曾获得区"新长征突击手"、区教育系统"骏马奖"、区骨干教师称号。多次执教市、区教学展示获得一等奖,撰写论文获市级二等奖,参编《小学音乐教学技能》《音乐学科知识与教学能力》《小学音乐教学设计与课例》等专著。

第一章 导　语

《义务教育艺术课程标准(2022年版)》(以下简称《标准》)将演奏乐器作为音乐课程中必修的学习任务,同时指出:演奏是进行情感表达和提高学生多声部音乐表现力、开展创作与展示的重要途径。对于学生增强音乐理解、表现和创造能力,提高音学习兴趣,发展核心素养,身心健康成长等具有重要的作用。

八孔竖笛价格比较低廉,携带方便,同时又有固定的音高,是较易于掌握的乐器,常常被用于音乐课堂教学中。但是在教学实践中,教师也会产生一些疑惑:器乐演奏的技巧学习与巩固和学生审美体验、创造力培养如何兼顾? 课堂内的器乐教学如何延展至课堂外,将学生学习吹奏的积极性调动起来? 这就需要一本贴近本校学生学情,能够将课内、外相结合的校本课程。

《笛声欢唱》竖笛校本课程结合上海市教育科学研究院实验小学的校情及学情,以《标准》为指导思想,重视学生艺术体验与情感的表达,将"课内外相结合""教学评一致"作为课程项目开发的主旨,探索有效的器乐教学策略,形成进阶性教学内容和教学资源,激发学生的学习兴趣,培养学生的艺术表现力和创造力,进而落实器乐教学的美育功能。

第二章　课程设计

一、课程框架

《笛声欢唱》校本课程服务于义务制教育阶段,小学三至五年级小学音乐课堂教学,是器乐进课堂的补充校本课程。《笛声欢唱》校本课程结合课程总目标,细化制定了各年段目标。课程中以单元任务形式设计了多种音乐实践活动,丰富了学生的音乐实践体验,能帮助学生养成良好的器乐演奏习惯,激发学生对竖笛吹奏的兴趣。在每个学习任务板块后,都有评价环节,通过多种评价方式和评价维度,体现"教学评一致"的教学理念。

(一) 背景分析

在小学音乐课堂教学中学习竖笛演奏,可以提高学生的专注力,提升自身协调能力,丰富音乐想象力和创造力;在与老师、同伴的互动学习过程中增进师生、生生间的关系,培养良好的人际交往能力。

上海市教育科学研究院实验小学是一所普通基础型公立小学,2022年,为响应最新颁布的《标准》教育指导思想,迎合新时代的社会需求、人才需要,启动了"器乐进课堂"。为了更好地开展器乐进课堂教学活动,学校开展了《笛声欢唱》校本课程建设。

(二) 课程理念

基于课程背景,结合八孔竖笛的学习特点,《笛声欢唱》竖笛校本课程从学生的学习实际出发,将核心素养特征融入课程总目标、分段目标中,以学习任务为驱动,以大单元为载体,借助信息化手段,形成结构化的学习内容。聚焦核心能力的培养,实现从重技能到重素养的转变,激发学生的学习兴趣,养成可持续的学习能力。

(三) 课程目标

1. 总目标

结合学科核心素养的养成及学校的校情、学情,制定了课程的3个总目标。

(1) 审美感知。以学习竖笛吹奏为载体,通过形式多样的音乐实践活动,引导学生了解竖笛,掌握竖笛吹奏的基本技能,丰富学生的音乐情感体验,养成良好的欣赏、吹奏习惯,增强对音乐学习的兴趣,为终身爱好音乐奠定基础。

(2) 艺术表现。了解竖笛的艺术表现形式,在竖笛吹奏与音乐表现中,理解不同地区音乐作品的文化内涵。积极参加艺术实践活动,在学习竖笛的过程中,逐步提高音乐感知能力和表现力。

(3) 创意实践。在学习吹奏竖笛的过程中,提升学生的审美感知与想象力,积极主动参与表演、创作、展示等艺术实践活动,学会发现并解决问题,提升创意实践能力。

2. 分年段目标

《笛声欢唱》校本课程面向小学三至五年级学生,根据总目标还设置了分年段目标,课程分年段目标见表6-1。

表6-1 课程分年段目标

年级目标	审美感知	艺术表现	创意实践
三年级	1. 通过探索、体验活动,认识竖笛; 2. 了解竖笛的吹奏方式,激发学生学习的兴趣与热情	1. 认识竖笛,学会用正确的姿势吹奏竖笛;掌握准确的手型、口型; 2. 结合对不同音符的学习,配合呼吸训练,学会用单吐音吹奏左手五音和右手四音; 3. 能完整、连贯吹奏C大调音阶	能运用已有的音乐知识,尝试两小节的旋律创编并吹奏
四年级	1. 通过竖笛吹奏,提高对音乐作品的理解能力与感知能力; 2. 积极主动参与音乐学习活动,在互动学习中,逐步养成合作学习的意识。在音乐实践中获得审美情趣	1. 熟练掌握C大调音阶的吹奏; 2. 能用优美的音色准确吹奏C大调练习曲,小乐曲,提高音乐的表现力; 3. 能在同学面前大方独奏或和同学合作演奏进行表演	能和同伴合作尝试4~8小节旋律创编并进行表演

续表

年级目标	审美感知	艺术表现	创意实践
五年级	1. 能运用气息有控制的吹奏竖笛,表达自己对音乐的感受; 2. 乐于参加各种演奏活动,能自信表演,在声部合奏中,逐步养成良好的合奏能力与团队意识	1. 结合教材,用优美的音色有感情的吹奏乐曲; 2. 能与同伴合奏,了解声部,明确自己所承担的声部责任	勇于探索,尝试创编一首乐曲并进行吹奏表演

(四) 课程内容

《笛声欢唱》课程分 4 个单元,每个单元以任务活动为导向,规划大单元教学内容与组织形式,借助任务和问题,在器乐学习中培养学生的实践能力、创新精神以及解决问题的能力,学会准确评价自己和他人的演奏,增强集体意识,形成合作意识,保持对音乐学习的兴趣。

课程内容框架见表 6-2。

表 6-2 课程内容框架

单元	活动任务	目标	课时建议
认识我的小竖笛	1. 分组拆、装竖笛; 2. 探索小孔的秘密; 3. 如何保持竖笛的清洁、卫生	简单了解竖笛构造、竖笛各部位名称、不同发声孔的作用以及竖笛的保养	2
拿起我的小竖笛	1. 观察、讨论竖笛吹奏用怎样的姿势最合适(站、坐、手的形状); 2. 吹竖笛时如何不让竖笛发出"怪声音"?	了解、学习用正确姿势、口型、手型进行吹奏	2
吹响我的小竖笛	1. 解锁左手五音的吹奏; 2. 闯关任务; 3. 左手五音的吹奏练习; 4. 解锁右手 4 音的吹奏; 5. 练习曲闯关活动; 6. C 大调音阶练习	通过任务活动进行探索学习,逐步掌握竖笛吹奏技巧;在学习活动中感受美、体验美、表达美	10~12

续表

单 元	活动任务	目　　标	课时建议
走上我的小舞台	1.从单声部到多声部合作吹奏； 2.乐于参加创作、展示活动； 3.完成评价（集星卡、荣誉卡填写，成长档案）	能主动参与表演、创作、展示等艺术实践活动，在艺术实践活动中丰富学生的情感世界；通过多元评价，激发兴趣，培养团队意识，体验学习的快乐	10

（五）学业质量评估标准

1.评价内容概述

《笛声欢唱》校本课程的评价从单课时的任务评价，到单元评价直至成长档案袋评价。力求用多维度、多元的评价策略，让学生、家长、教师直观了解学生学习的过程和成果。

2.评价形式

（1）单元评价——集星卡。课程中每个课时会出现探索任务和闯关任务，每当学生完成一个任务后，就由自己、同伴或老师对任务完成的情况进行认定、评价，给予相应的小星星。一个单元完成一张集星卡。学生还可以用简短的话语记录自己在本单元的学习感受、收获及可以改进的地方。

（2）自我展示——荣誉卡。荣誉卡是记录学生在学习吹奏竖笛过程中勇于在同伴、家长和老师面前进行展示、表演的记录卡。这样的展示表演不拘泥于期中或期末，可以是每一课时、每个单元的学习中，也可以是一个阶段的作品展示。记录的形式可以是文字、图画、照片，也可以是音频、视频等。

（3）成长记录袋。成长记录袋的评价方式是一种质性评价方式。这种方法是指学生把自己有代表性的作品汇集起来，以展示自己的学习和进步的状况。在运用的过程中要明确：学生是评价的主人，他可以选择将什么装进学生成长记录袋，可以参与学生成长记录袋标准的制定,可以把自己的作品和进步与他人分享。学生成长记录袋给学生提供了对自己作品进行自我评价和反省的机会。图 6-1 所示为成长记录袋评价思维导图,可供参考。

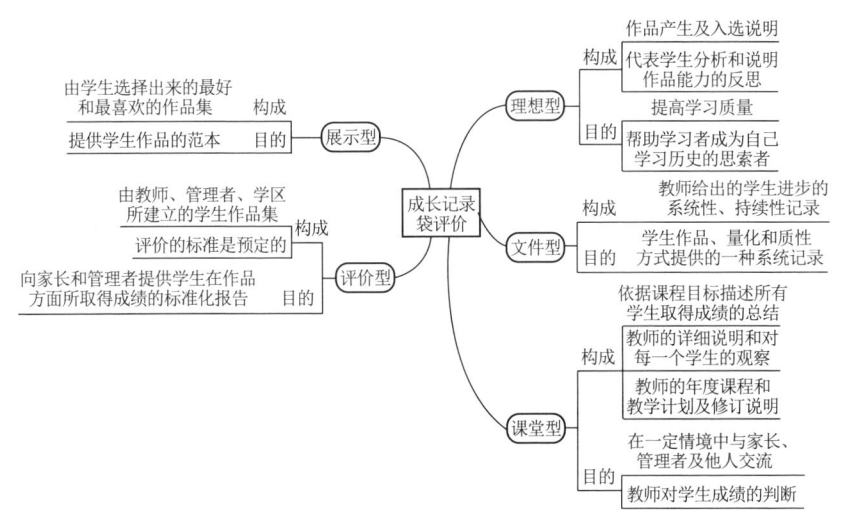

图 6-1 成长记录袋评价思维导图

二、课程样张

《笛声欢唱》校本课程样张的设计是以课程总目标及教学单元框架内容的为基础进行的。样张的设计考虑到学生的年龄特点,结合年段的教学目标,挖掘音乐课程教材中的音乐作品,合理运用网络资源,为学生学习竖笛吹奏提供影音资料、演奏谱例以及各种音乐实践活动。

(一)整体设计理念

《笛声欢唱》校本课程中有"笛博士"和"小欢同学"两个主人公。

每个单元由"笛博士"带领"小欢同学"在有趣的探索、闯关任务中,了解竖笛家族、八孔竖笛的构造、掌握吹奏技巧,激发学生对学吹竖笛的兴趣,养成积极思考、勇于探索、善于合作的学习态度和能力。"认识竖笛"课程样张如图 6-2 所示。

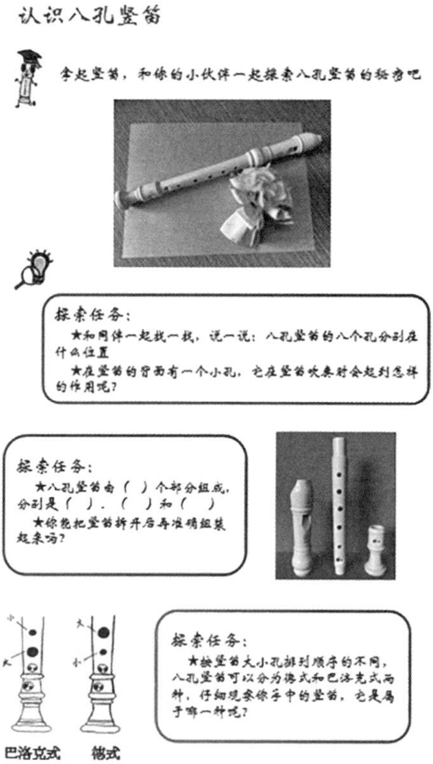

图 6-2 "认识竖笛"课程样张

(二)教学资源

《笛声欢唱》中的教学资源一部分来源于教师创编或编配的练习曲,还有一部分来源于小学音乐教材中的作品。这些作品学生比较

第六篇　笛声欢唱　　151

熟悉,学习中学生可以按自己的能力,选择吹奏部分旋律或全曲。吹奏方式可以是接奏、独奏、轮奏、合奏甚至伴奏。多声部的吹奏练习曲,由教师按不同的年级以及学生吹奏能力进行编配。这些教学资源既符合学生的年龄特点与审美认知,帮助学生逐步掌握竖笛吹奏技巧,又能让学生在学习吹奏竖笛的过程中提升与他人合作的能力,逐步建立团队意识。

"解锁5、6、7三个音吹奏""认识新朋友"课程样张分别如图6-3和图6-4所示。

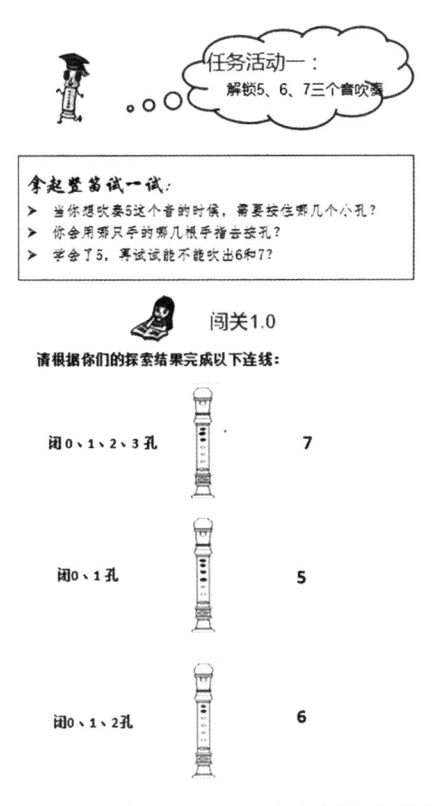

图6-3　"解锁5、6、7三个音吹奏"课程样张

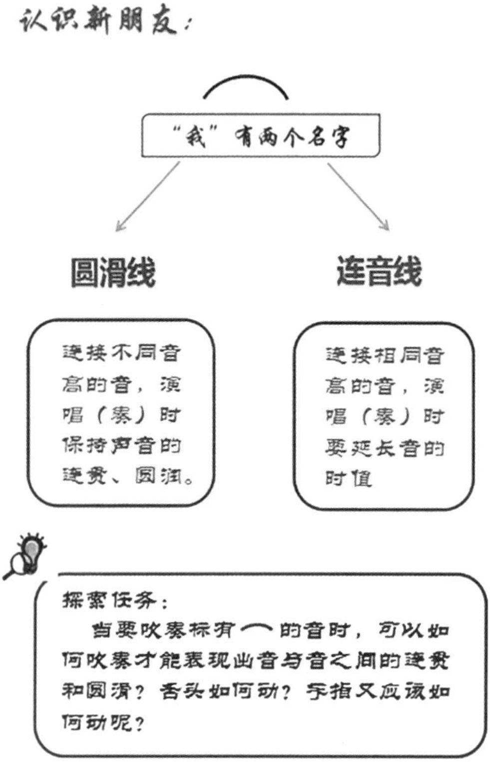

认识新朋友：

"我"有两个名字

圆滑线：连接不同音高的音，演唱（奏）时保持声音的连贯、圆润。

连音线：连接相同音高的音，演唱（奏）时要延长音的时值。

探索任务：
当要吹奏标有⌢的音时，可以如何吹奏才能表现出音与音之间的连贯和圆滑？舌头如何动？手指又应该如何动呢？

图 6-4 "认识新朋友"课程样张

竖笛吹奏谱例如图 6-5 所示。

(三) 评价形式呈现

音乐课堂中的评价要能帮助学生发现、发展自己的音乐潜能，促进音乐感知、表现和创造能力的发展。本课程的评价是课时任务评价与单元的任务活动评价相结合，最终完成"成长记录袋"的评价，以此来帮助学生了解自己的学习情况，激发学生学习的动机，增加学生的学习满足感和成就感。

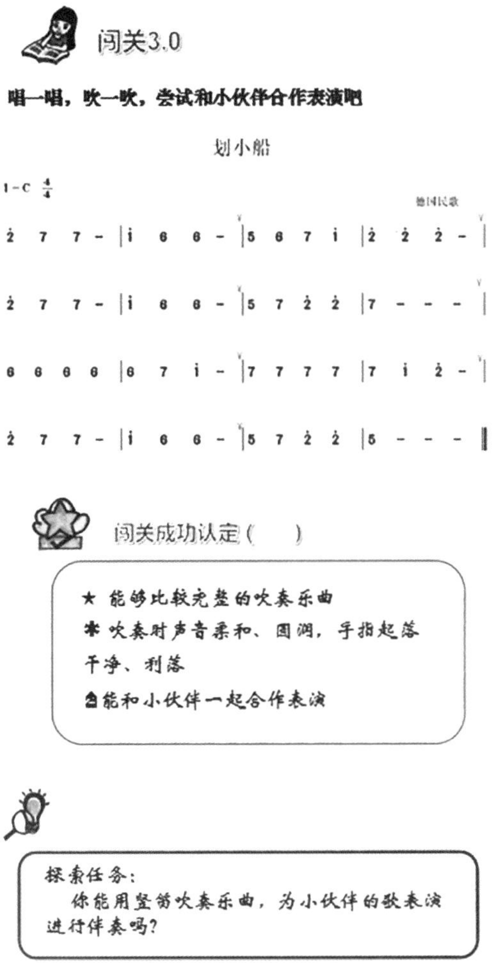

第六篇　笛声欢唱

闯关3.0

唱一唱，吹一吹，尝试和小伙伴合作表演吧

划小船

1=C 4/4　　　　　　　　　　　　　　　　　　德国民歌

2 7 7 - | 1 6 6 - | 5 6 7 1 | 2 2 2 - |

2 7 7 - | 1 6 6 - | 5 7 2 2 | 7 - - - |

6 6 6 6 | 6 7 1 - | 7 7 7 7 | 7 1 2 - |

2 7 7 - | 1 6 6 - | 5 7 2 2 | 5 - - ‖

闯关成功认定（　　）

★ 能够比较完整的吹奏乐曲
✹ 吹奏时声音柔和、圆润，手指起落干净、利落
☺ 能和小伙伴一起合作表演

探索任务：
你能用竖笛吹奏乐曲，为小伙伴的歌表演进行伴奏吗？

图 6-5　竖笛吹奏谱例

"闯关成功认定""单元任务回顾"课程样张分别如图 6-6 和图 6-7 所示。

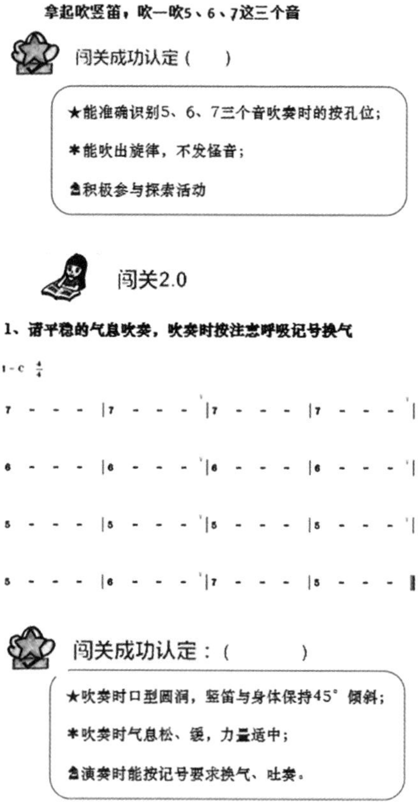

拿起吹竖笛，吹一吹5、6、7这三个音

闯关成功认定（　　）

★能准确识别5、6、7三个音吹奏时的按孔位；
★能吹出旋律，不发怪音；
★积极参与探索活动

闯关2.0

1、请平稳的气息吹奏，吹奏时按注意呼吸记号换气

1=C 4/4

7 - - -	7 - - -	7 - - -	7 - - -
6 - - -	6 - - -	6 - - -	6 - - -
5 - - -	5 - - -	5 - - -	5 - - -
5 - - -	6 - - -	7 - - -	5 - - - ‖

闯关成功认定：（　　）

★吹奏时口型圆洞，竖笛与身体保持45°倾斜；
★吹奏时气息松、缓，力量适中；
★演奏时能按记号要求换气、吐奏。

图 6-6 "闯关成功认定"课程样张

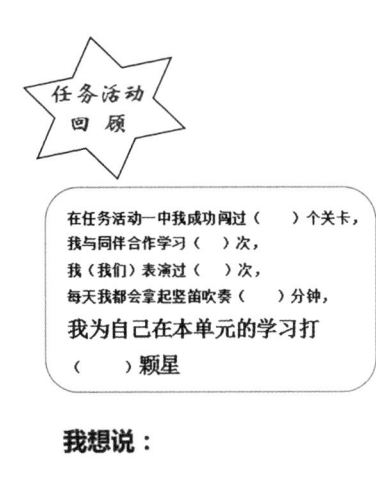

图 6-7 "单元任务回顾"课程样张

第三章 单元实施方案

《笛声欢唱》竖笛校本课程一共设置了 4 个单元。第一、二单元旨在让学生认识竖笛、了解构造、学习正确吹奏姿势、手型以及呼吸、吐气方法；第三单元则是让学生主动探索，学会吹奏竖笛，通过让学生积极主动参与各种音乐活动，帮助学生掌握竖笛的基本吹奏方式，提升学生的艺术感知力和表现力；第四单元是结合评价的表演、创作、展示等艺术实践活动的记录。单元和单元之间相互交叉、紧密结合，为学生的器乐学习提供了服务和保障。以下呈现《笛声欢唱》课程第三单元《吹起我的小竖笛》的实施方案。

一、单元教学内容

(1) 左手 5 个音、右手 4 个音的吹奏。
(2) 教材歌、乐曲吹奏。
(3) 欣赏与创编活动。

二、单元学情分析

通过第一、二单元的学习,学生对八孔竖笛的历史、音色特点有了初步的了解;对竖笛的构造、发声孔的位置和作用有了认识。通过探索,学生了解了竖笛吹奏时的站姿、坐姿以及最佳手型、口型。在闯关任务中,锻炼了竖笛吹奏时急吸缓吐的基本呼吸方式,初步掌握了手指按孔的技巧。这些知识、技能的学习为后续竖笛的吹奏打下了基础。

三、单元教学目标

(1) 结合对竖笛的了解及拓展欣赏,感受竖笛美妙的音色所表现的不同音乐情感,激发对竖笛以及竖笛演奏的喜爱之情。
(2) 结合不同的任务活动,逐步解锁竖笛吹奏的方法和技巧,掌握左手 5 音、右手 4 音的吹奏。
(3) 学会运用连贯的气息,有控制的吹奏出柔和的音色,吹奏简单的乐曲。
(4) 结合竖笛吹奏学习,逐步熟悉简谱,尝试用已有音乐知识进行旋律创编并吹奏。
(5) 同伴分工合作参与各项任务活动,在小组中承担自己的任务,享受学习的快乐。

四、单元实施安排

本单元的学习内容大致分为"学、奏、演、创、赏"5 个部分,每个部分并不孤立,教学中可以穿插进行。由于这 5 部分的内容可以任意组合进行教学,故对每部分具体实施需要多少课时不做建议,整个第三单元建议 10~12 课时完成。单元实施安排见表 6-3。

表 6-3 单元实施安排

学习内容		学习要求		
		感受与欣赏	音乐表现	音乐创造
学	解锁左手5个音的吹奏	感知竖笛柔和、优美的音色	学习左手 5 个音的正确按孔方式和气息吹奏方法;学习用连贯、柔和的气息吹奏相应的练习曲,吹奏时不发怪音,手指按孔准确	
	解锁右手4个音的吹奏	感知竖笛丰富的表现力	学习右手的正确吹奏方式,用连贯、柔和的气息吹奏相应的练习曲,能完整吹奏 C 大调音阶	
奏	练习曲、小乐曲吹奏	在吹奏中感受不同节奏、风格乐曲的特点,抒发对不同音乐旋律的情感	运用学习到的吹奏技巧、音乐知识,比较准确地吹奏给出的音、旋律、乐曲等	用学会的音加上简单的节奏型为同伴伴奏
演	小乐曲演奏	知道独奏、轮奏、合奏的演奏形式;在吹奏中表达自己对音乐旋律、对竖笛的喜爱之情	自然大方地在人前,运用不同方式演奏乐曲(独奏、齐奏、接奏);能与同伴分工、合作	
创	自编旋律			用学会的音以及给出的节奏型创编简单的旋律、乐曲吹奏给同伴或老师听
赏	竖笛视频、音频欣赏	感知竖笛柔和、优美的音色;感受不同风格的乐曲演奏;了解竖笛的不同种类以及演奏形式	模仿视频中吹奏者的演奏动作(口型、指法、气息运用等),辅助竖笛吹奏的学习	

五、单元评价

单元评价维度表见表 6-4。

表 6-4　单元评价维度表

评价维度	评价指标	评价等第
感受与欣赏	喜爱竖笛吹奏,能感知竖笛作品中音乐的风格、形式、体裁的特点; 能辨别不同节拍、力度、速度的变化,并用语言、肢体表达自己的感受	★★★
	喜爱竖笛吹奏,能感知竖笛作品中不同的风格、形式、体裁的特点,通过提醒可以辨别不同节拍、力度、速度的变化并用肢体表达	★★
	能欣赏竖笛作品,对作品中的节拍、速度、力度等变化有肢体反应	★
音乐表现	气息:能运用气息有控制地进行吹奏,音高准确,音色均衡、柔和、优美; 指法:能准确掌握每个音的手位,吹奏过程中能快速、准确找到每个音的手位; 流畅性:在吹奏过程中能准确表达乐谱中的节奏(全音符、二分音符、四分音符)、音乐符号(呼吸记号)等,做到旋律流畅,很少停顿	★★★
	气息:能运用气息进行吹奏,音高比较准确; 指法:能较准确地掌握每个音的手位,吹奏过程中找手位偶尔有差错; 流畅性:在吹奏过程中能表达乐谱中的节奏(全音符、二分音符、四分音符)、音乐符号(呼吸记号)等,吹奏过程中偶尔有停顿	★★
	气息:能吹奏竖笛,吹奏中很难找到准确的音高,音色不稳定; 指法:能知道每个音的手位,吹奏过程中找手位比较困难,在帮助下能够找到每个音的手位; 流畅性:在吹奏过程中不太能表达乐谱中的节奏、音乐符号等,吹奏过程停顿明显	★
音乐创造	乐于参与创编活动,能用已有的知识进行创编并用竖笛准确表达; 能对自己或他人的创编进行简单评价	★★★

续表

评价维度	评价指标	评价等第
音乐创造	能参加创编活动,能在他人帮助下运用已有知识进行模仿、创编并用竖笛表达	★★
	能参加创编活动,用竖笛吹奏他人创编的旋律	★
习惯与合作	有良好的吹奏习惯,每周有固定时间进行练习; 乐于同他人合作学习,在团队合作中有领导力或能服从团队安排	★★★
	吹奏习惯已养成,能参与同伴的合作学习,完成合作任务	★★
	吹奏习惯尚未养成,不能与同伴进行合作学习	★

第四章 课堂实践案例

《笛声欢唱》校本课程设计完成后,我进行了教学设计和教学实践。在教学设计和实践中发现了问题,根据学情又进行了反思和调整,逐步完善课程。

音创活动《劳动乐》是《笛声欢唱》中的第三单元——吹响我的小竖笛——中的一个教学设计。音创活动中设计闯关任务,让学生积极主动参与练习吹奏竖笛的音乐实践活动。在"创、奏结合"的任务中,引导学生从生活实际出发,运用已有的音乐知识和吹奏技巧,进行简单的旋律创编、演奏。通过和同伴交流、演奏等互动活动,进一步熟悉八孔竖笛 Do~Do′ 的吹奏方式,提高对气息的控制能力以及手指按孔力度、方向的把握。同时激发学生的创作欲望和表演欲望,也为后续竖笛吹奏的学习打下更加稳固的基础。

一、教学设计

【课题】

《劳动乐》。

【课时】

《笛声欢唱》第三单元。

【教学内容】

(1) 八孔竖笛 Do~Do′音的复习。

(2) 音创活动《劳动乐》。

【教学目标】

(1) 能按自己的吹奏能力选择适合的乐节或乐句,与同伴合作吹奏《理发师》,提升对竖笛吹奏的兴趣,享受与同伴间的合作、互助的愉悦感。

(2) 结合生活经验,在"创一创""吹一吹""演一演"等实践活动中激发学生创编的欲望,提升学生的音乐综合素养。

(3) 能结合已有的音乐知识,用二分音符、四分音符、八分音符创编不同的节奏型,并能用竖笛吹奏出简单的旋律表现劳动时的音效,提升竖笛吹奏时气息的稳定性以及按孔手位的准确性。

【教学重点】

乐于参与音创活动,在活动中体验学习的快乐。

【教学难点】

能运用已有知识进行创编,并用竖笛吹奏,表现劳动时的音效。

【评价环节与要求】

评价环节与要求见表 6-5。

表 6-5 评价环节与要求

评价环节与内容	评价要点	评价形式	目标指向
评价环节一:能与同伴合作吹奏乐曲《理发师》	能按自己的能力选择合适的旋律,与他人合作进行竖笛吹奏	教师评价	目标1
评价环节二:结合生活经验创编音效	能积极参与创编活动,结合生活经验,创编合适的音效	教师评价	目标2、3
评价环节三:分工合作完成《劳动乐》表演	参与音乐活动,合作完成唱、奏、演的综合表演活动	生生互评	目标2、3

【教学过程】

(一) 复习歌曲《理发师》

(1) 出示乐谱,师用竖笛吹奏全曲,生边哼唱旋律,边在竖笛上找相应的按孔位。

(2) 交流、指导学生吹奏中可能出现的问题。

1) Do 音的要用缓吹的方式吹奏,高音部分吹奏时气息可以急一些。

2) 第三乐句吹奏时手指按孔的方式和速度。

3) 最后一个长音保持 4 拍。

(3) 学生进行简短练习。

(4) 请学生按自己能力选择相应的乐句或旋律与同伴合作吹奏《理发师》(师用电子琴辅助)。

(5) 评价环节。评价方式为教师评价。评价要点:能按自己能力选择旋律与老师、同伴合作吹奏。

> **设计意图**：学生的竖笛吹奏基础不一致，有些学生在一节课的学习后，也只能吹奏乐曲《理发师》的一部分旋律，并且在吹奏时有困难。在这个环节借助老师的示范、同伴的互助，帮助学生找到吹奏的方法，鼓励学生按自己的能力选择吹奏的旋律，可以帮助学生建立音乐学习的自信心。
>
> **学习要点**：合作吹奏。

（二）音创活动《劳动乐》

1. 创编节奏

导入：咔嚓咔嚓、沙沙沙的声音来自理发店，下面你们听到了哪些声音？来自哪里呢？

（1）听音频《厨房中的声音》。

思考：你听到了哪些声音？声音来自哪里？

（2）交流：除了刚才的声音，在厨房里还能听到哪些声音？

（3）请学生用学过的二分、四分、八分音符模仿一种菜肴制作过程中发出的音效，创编2小节2/4拍的节奏，并写一写、念一念。

（4）评价环节。评价方式为生生互评。评价要点：能正确编写2小节2/4拍旋律，并用竖笛吹奏。

2. 创编旋律

（1）请学生模仿乐曲《理发师》，为自己创编的节奏加上音高，并用竖笛吹奏表现菜肴制作的过程。

（2）请生介绍自己创编的想法，并用竖笛吹一吹创编的旋律。

（3）师生合作，完成竖笛版菜肴制作过程（请学生用竖笛以接奏的方式，将自己创编的旋律，以洗菜、切菜、炒菜、盛菜上桌的顺序连贯的表现，师作串联）。

(4) 评价环节。评价方式为生生互评。评价要点:能和同伴合作表演。

> **设计意图**:创设情境,鼓励学生运用学过的音乐知识进行创编,表现厨房中制作菜肴的过程,在创、奏、演的过程中提升吹奏竖笛的能力,享受合作学习的快乐。
> **学习要点**:能运用已有知识进行创编。
> 巩固竖笛 Do~Do'音的吹奏技巧。

(三) 综合表演《厨房乐》

1. 布置表演任务
- 为表演加入儿歌朗读
- 与同伴合作表演菜肴的制作过程(竖笛吹奏或动作)
- 用竖笛吹奏《理发师》旋律或演唱歌曲第一段歌词
2. 请生领任务、并进行准备
3. 综合表演
4. 师、生评价

> **设计意图**:通过多种形式的表演,让学生体会合作学习的快乐,进一步巩固竖笛吹奏时气息的稳定性和手指的按孔位。
> **学习要点**:综合表演。
> **评价要点**:能够积极参与表演活动。

(四) 课堂总结

二、教学案例及反思

(一) 主要教学环节与点评

音创活动《劳动乐》是上海教育出版社小学音乐三年级第一学期第三单元中的一个内容。教材中是一个音效创编活动。结合我校学生学情,及假期中开展的少先队实践活动——"汇劳动",创设"厨房"这个情境。让学生从比较熟悉的厨房环境开始,先运用已有音乐知识进行节奏、音效创编;再升级到为创编的节奏加上音高并用竖笛进行吹奏,合作表现"番茄炒鸡蛋"这道菜的制作过程。在创编、演奏的环节中,学生积极参与创编活动,运用旋律接奏的方式进行合作表演,享受到了创作的快乐和合作成功的体验。

1. 环节一

(1) 内容。请学生模仿《理发师》,为自己创编的节奏加上音高,讲一讲这样创编的原因,并用竖笛吹一吹自己创编的旋律。

(2) 点评。结合本校学情,即学生竖笛吹奏的能力整体处于初级阶段,学生刚学会用单吐音吹奏 Do~Do′ 的音高,吹奏中手指按孔的准确性和气息的稳定性比较弱,需要不通过练习慢慢提升。如果仅让学生枯燥的练习气息和指法,会影响学生学习竖笛的积极性,所以设计了这个音创、吹奏活动。两小节的旋律简单,有些也并不动听:比如学生用"Si"这个音表示洗菜时水流的声音,但只要学生说出创编的原因,教师就应给予肯定和鼓励。也有学生用"Do、Re"两个音表示切菜时刀上下下的样子。还提醒同伴"在吹奏这两个音时,要特别注意对气息的控制,就像切菜时小心翼翼的样子",体现了学生对音乐的理解能力。

2. 环节二

(1) 内容。吹奏创编的旋律时,请学生用旋律接奏的方式进行,即创编的同学吹一遍,其余学生重复他吹一次。

(2)点评。引导学生运用旋律接奏的方式合作表现"番茄炒鸡蛋"的制作过程,一方面可以让每一个参加创编的学生感受到被尊重以及成功的快乐;另一方面,降低了学生竖笛吹奏的难度(对于竖笛吹奏能力一般的学生来说,旋律接奏给了他们一次模仿的机会),给予学生快乐的学习体验。

3. 环节三

(1)内容。综合表演环节,给予学生选择的自由,让学生可以按自己的能力和喜好,选择表演任务,共同完成《劳动乐》的综合表演。

(2)点评。这个综合表演环节给不同能力的学生提供了表演的舞台。学生自主选择,自主练习,最后完成表演,并能对自己和同伴的表现进行点评,既有合作,又有分工,取长补短,获得了学习的愉悦感。

(二)教学反思

音创活动《劳动乐》的课堂实践达成了教学目标,学生在整个音乐实践活动中,创作和表演的欲望被激发,通过音乐实践活动感受到成功的喜悦和与同伴合作的快乐,达到了比较好的课堂效果。

首先,在进行教学设计时,就从学情出发,设计难度适中,适合学生学习的内容,是学生"跳一跳就能摘到的果子"。本节课中的节奏、旋律创编和竖笛吹奏环节,正是在三年级学生应该掌握的音乐知识的基础上进行的。在竖笛吹奏环节,教师也可从学生创编的旋律中及时发现存在的吹奏难点,并及时进行指导。既尊重了学生的创作又给了学生"跳一跳摘果子"的空间,达到了较好的教学效果。

其次,器乐教学与"创"结合,使器乐教学有更大的延展性(不同情境下的创编可以拓展到学生学习、生活的各个领域)。比如,这次教师结合学生曾经开展的"汇劳动"的实践活动,创设了厨房的情境,让学生创编、演奏。之后也结合"汇运动""汇学习"等其他活动,创设操场、运动会、模型制作等学生熟悉又喜欢的情境,让学生进行创编和器乐演奏。而创编、演奏的旋律可以从两小节到四小节、八小节。教师还可以指导学生把创编的旋律合起来,变成属于自己的小曲来表演。演奏的方式可以有独奏、轮奏、合奏等。随着学生音乐知识储备和器乐演奏能力的不断提升,"创"意无限,精彩也无限。

第七篇　趣味竖笛伴我成长

张冠文,上海市徐汇区东安三村小学,工作13年,毕业于上海师范大学音乐教育专业。

曾荣获徐汇区首届见习教师规范化培训"十佳"评选优秀奖,徐汇区小学音乐教师基本功大赛三等奖,徐汇区中青年教师课堂评比三等奖。指导学生团队获得徐汇区合唱比赛二、三等奖,徐汇区舞蹈比赛二、三等奖等。

第一章 导　语

器乐教学是小学音乐教育的重要组成部分。它是学生进行音乐欣赏、演唱学习和创作的有效途径,同时也是培养学生审美能力、提升学生核心素养的基本手段。演奏优美的乐器不仅可以引起学生的兴趣,还可以对他们的心理产生正向影响,有助于发展智力,培养情感,同时也是学科核心素养育人价值的体现。但由于各种原因的限制,如学校缺少器乐教学资源、教师缺乏对器乐教学的正确价值认识,没有可借鉴的教学经验与案例等,许多学校并未开设器乐教学课程,这无疑是令人遗憾的。

设计者以一所小型学校(东安三村小学)为例,实施开展了《趣味竖笛伴我成长》的校本课程建设。从以上几方面进行探讨,为建立小学阶段器乐教学的读者提供一些有价值的信息。

第二章　课程设计

一、课程框架

校本课程是根据学生的兴趣与需求,结合学校的传统与优势,自行设计并实施的一门课程。基于我校学生的实际情况,价格亲民且易携带的竖笛成为固定音高乐器的首选,且设计者有丰富的管乐演奏经历,对于吹管类乐器有一定的研究。结合以上两点,设计者精心编纂了校本课程《趣味竖笛伴我成长》,以"趣味"引领学生走进器乐课堂,使学生在玩中学、学中做,操作中求探索。以学校鲜活的教学理念为指导,充分利用校内资源,以任务的形式进行校本课程的总体规划。本课程将在三年级兴趣课堂上实施,在编制课程总目标之后,对分年段目标进行了阐述,并对课程的内容结构进行呈现。

(一) 背景分析

"智善乐健、快乐成长"是东安三村小学一直以来的办学目标。2015年以"汇师杯"校本课程比赛为契机,依托"快乐活动日"的开展,推动了我校竖笛课程的建设。通过打造课程给学生以音乐文化的熏陶,提升学生的综合能力,健全完善人格,以智启慧、以善树魂、以乐怡情。

以我校的三年级学生为试点,利用每周的兴趣课时间,进行竖笛课程教学。三年级学生,已有两年的音乐学科学习经历,但从未在课堂上学习过乐器,竖笛作为一种集外形小巧精致、便于携带、有固定音高等优点于一身的单旋律乐器,非常适宜我校学生,相信大部分学生会对其产生浓厚的兴趣。

(二) 课程理念

《趣味竖笛伴我成长》始终贯彻竖笛校本课程实践研究过程中所遵循的基本理念,即基于学校"智善乐健,快乐成长"的办学理念,将学习竖笛作为器乐教学的切入口,通过引导学生参与各种丰富、有趣的音乐实践活动,使学生感知音乐多元文化,获得音乐审美体验;在学习演奏的过程中,引导学生增强演奏自信心,提升学生的音乐综合能力,培养学生终身学习竖笛的兴趣。

(三) 课程目标

1. 课程总目标

掌握竖笛的基础技能知识,不断提升演奏技能,增强艺术表达自信,享受活动中所得到的乐趣;通过学习国内外优秀作品,开阔视野,体验、学习、理解音乐风格多样性,提升学生审美感知能力;运用探究、即兴创编、多元评价等方法,丰富学生的音乐学习经历,在学生积累经验的过程中建立规则意识与合作意识。

2. 分年段目标

分年段课程目标见表 7-1。

表 7-1 分年段课程目标

三年级 第一学期	1. 通过对竖笛的观察、触摸,了解竖笛构造以及音色特点,掌握正确的吹奏方式和正确的吹奏技巧,体验初学的趣味性,激发学习竖笛的欲望; 2. 以乐观的态度积极参与活动,在小组合作中表达自己的想法,尊重伙伴的意见;能用友善的态度与伙伴进行分享交流,正确评价自己和他人的演奏,养成小组合作意识; 3. 了解竖笛起源与发展,促进文化理解,并学会简单的中外优秀作品,初步感受中国音乐文化和世界音乐多元化
三年级 第二学期	1. 完善巩固吹奏技巧,学习高音吹奏技巧,通过学习课内外优秀合奏歌曲,与伙伴进行分声部合作; 2. 在活动中建立规则意识,愿意听取他人的建议并进行改善,在合奏表演中提升团队合作能力; 3. 结合作品的地域背景,主动探究音乐的风格特征与吹奏技巧的融合性,激发学习潜能

(四) 课程内容

《趣味竖笛伴我成长》课程适用于三年级,共设置五个单元。课程内容按竖笛知识的逻辑顺序以及器乐教学本身的系统和内在联系来组织。第一至三单元的内容适用于三年级第一学期,第四、五单元内容适用于三年级第二学期。课程内容设置由小学音乐教材歌(乐)曲与课外音乐教材歌(乐)曲相结合。学生以"学习任务"的形式开展音乐游戏的探索,课程通过从简单到困难逐步递进的音乐实践活动,帮助学生更好地掌握竖笛演奏的相关技能。课程内容框架见表 7-2。

表 7-2 课程内容框架

课程主题	课程内容	建议年段/学时
第一单元 我心爱的小乐器	认识我的小竖笛：历史与起源	三年级第一学期 建议 3~4 课时
	了解我的小竖笛：手形与指法	
	吹吹我的小竖笛：口型与呼吸	
第二单元 绘制我的指法地图	快乐识谱：五线谱与简谱对照	三年级第一学期 建议 5~6 课时
	学习 g1、a2、b2 指法； 乐曲《竖笛是我们的好朋友》	
	学习 c2、d2 指法； 乐曲《火车来了》	
	学习 d1、e1、f1 指法； 乐曲《老麦克唐纳》	
	八度练习 d1、d2； 乐曲《上学歌》	
第三单元 请到我的家乡来	走进土家族； 乐曲《乃哟乃》	三年级第一学期 建议 4~5 课时
	走进蒙古族； 乐曲《蒙古小夜曲》	
	走进藏族； 乐曲《我的家在日喀则》	
	走进汉族； 乐曲《萧》	
第四单元 我的环球日志	认识莫扎特； 乐曲《闪烁的小星》	三年级第二学期 建议 4~5 课时
	认识勃拉姆斯； 乐曲《摇篮曲》	
	认识贝多芬； 乐曲《欢乐颂》	
	认识德沃夏克； 乐曲《念故乡》	
第五单元 快乐的小乐队	合奏乐曲《布谷鸟》	三年级第二学期 建议 10 课时
	合奏乐曲《洋娃娃和小熊跳舞》	
	合奏乐曲《粉刷匠》	
	合奏乐曲《咪咪咪》	

课程各单元内容结构分别如图 7-1 至图 7-5 所示。

```
                    第一单元
                  我心爱的小乐器
         ┌───────────┼───────────┐
    认识我的小竖笛   了解我的小竖笛   吹吹我的小竖笛
    ┌──┼──┐       ┌──┼──┐       ┌──┼──┐
   学  玩  练     学  玩  练     学  玩  练
   ：  ：  ：     ：  ：  ：     ：  ：  ：
   竖  竖  保     指  组  手     演  呼  吐
   笛  笛  养     法  装  型     奏  吸  气
   历  分  清     与  竖  儿     姿  方  方
   史  类  洁     手  笛  歌     势  法  法
                  位
    └──┬──┘       └──┬──┘       └──┬──┘
     课时评价        课时评价        课时评价
         └───────────┼───────────┘
                   单元评价
```

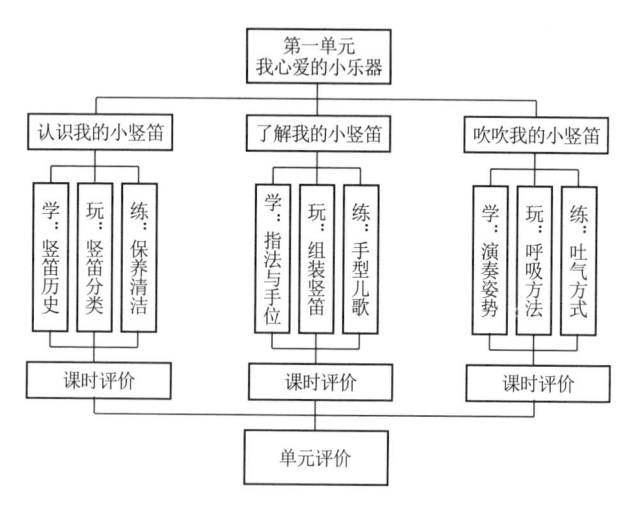

图 7-1 课程第一单元内容结构

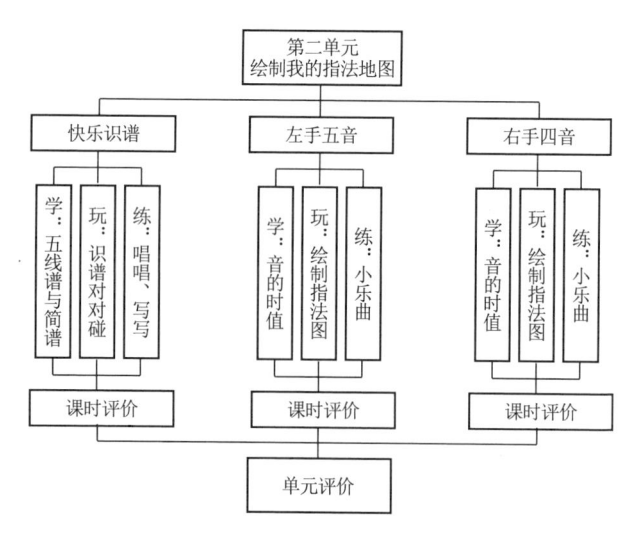

```
                    第二单元
                 绘制我的指法地图
         ┌───────────┼───────────┐
       快乐识谱      左手五音       右手四音
    ┌──┼──┐       ┌──┼──┐       ┌──┼──┐
   学  玩  练     学  玩  练     学  玩  练
   ：  ：  ：     ：  ：  ：     ：  ：  ：
   五  识  唱     音  绘  小     音  绘  小
   线  谱  唱     的  制  乐     的  制  乐
   谱  对  、     时  指  曲     时  指  曲
   与  对  写     值  法         值  法
   简  碰  写         图             图
   谱
    └──┬──┘       └──┬──┘       └──┬──┘
     课时评价        课时评价        课时评价
         └───────────┼───────────┘
                   单元评价
```

图 7-2 课程第二单元内容结构

第七篇　趣味竖笛伴我成长

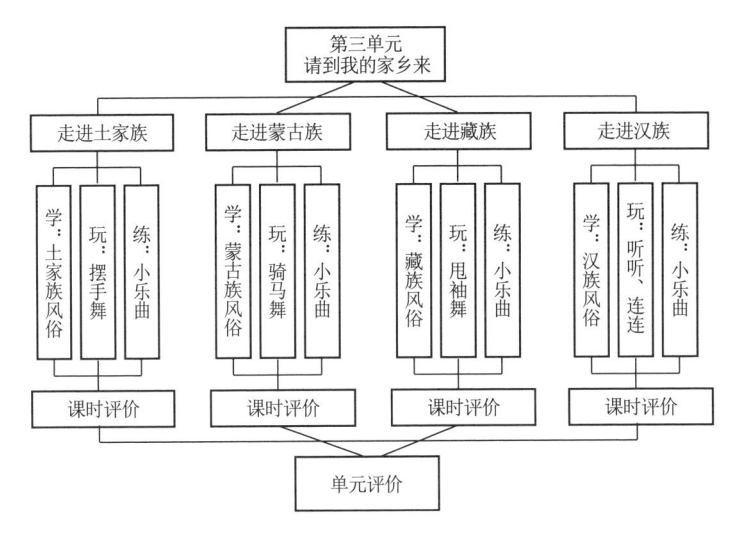

```
                          第三单元
                       请到我的家乡来
        ┌──────────────┬──────────────┬──────────────┐
     走进土家族        走进蒙古族        走进藏族          走进汉族
   ┌───┼───┐       ┌───┼───┐       ┌───┼───┐       ┌───┼───┐
  学  玩  练        学  玩  练        学  玩  练        学  玩  练
  ：  ：  ：        ：  ：  ：        ：  ：  ：        ：  ：  ：
  土  摆  小        蒙  骑  小        藏  甩  小        汉  听  小
  家  手  乐        古  马  乐        族  袖  乐        族  听  乐
  族  舞  曲        族  舞  曲        风  舞  曲        风  、  曲
  风              风              俗              俗  连
  俗              俗                                  连
    │                │                │                │
  课时评价         课时评价          课时评价          课时评价
        └──────────────┴──────┬───────┴──────────────┘
                           单元评价
```

图 7-3　课程第三单元内容结构

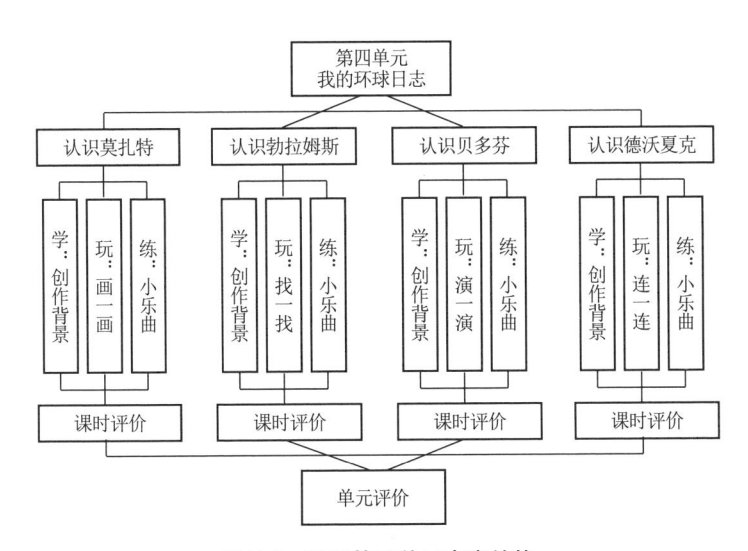

```
                          第四单元
                        我的环球日志
        ┌──────────────┬──────────────┬──────────────┐
     认识莫扎特       认识勃拉姆斯       认识贝多芬        认识德沃夏克
   ┌───┼───┐       ┌───┼───┐       ┌───┼───┐       ┌───┼───┐
  学  玩  练        学  玩  练        学  玩  练        学  玩  练
  ：  ：  ：        ：  ：  ：        ：  ：  ：        ：  ：  ：
  创  画  小        创  找  小        创  演  小        创  连  小
  作  一  乐        作  一  乐        作  一  乐        作  一  乐
  背  画  曲        背  找  曲        背  演  曲        背  连  曲
  景              景              景              景
    │                │                │                │
  课时评价         课时评价          课时评价          课时评价
        └──────────────┴──────┬───────┴──────────────┘
                           单元评价
```

图 7-4　课程第四单元内容结构

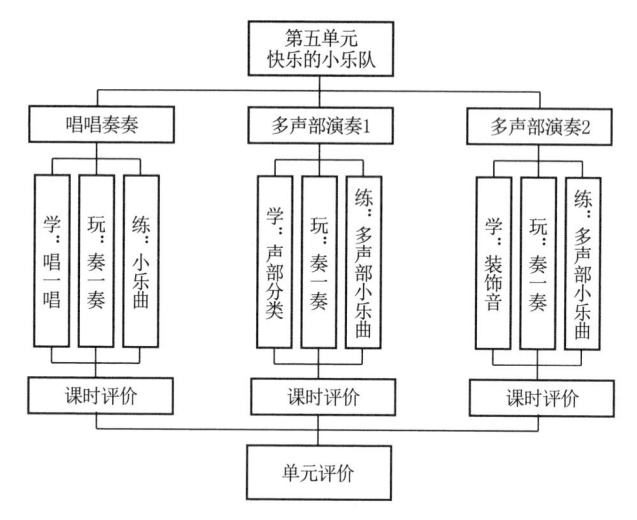

```
                    ┌──────────────┐
                    │  第五单元     │
                    │  快乐的小乐队 │
                    └──────┬───────┘
        ┌──────────────────┼──────────────────┐
   ┌────┴────┐       ┌─────┴──────┐      ┌────┴──────┐
   │唱唱奏奏 │       │多声部演奏1 │      │多声部演奏2│
   └────┬────┘       └─────┬──────┘      └────┬──────┘
   ┌────┼────┐       ┌─────┼──────┐      ┌────┼──────┐
 学：  玩： 练：    学：   玩：  练：    学：  玩： 练：
 唱   奏   小      声     奏    多      装    奏   多
 一   一   乐      部     一    声      饰    一   声
 唱   奏   曲      分     奏    部      音    奏   部
                   类           小            小
                                乐            乐
                                曲            曲
   ┌────┴────┐       ┌─────┴──────┐      ┌────┴──────┐
   │ 课时评价│       │  课时评价  │      │ 课时评价  │
   └─────────┘       └─────┬──────┘      └───────────┘
                     ┌─────┴──────┐
                     │  单元评价  │
                     └────────────┘
```

图7-5　课程第五单元内容结构

（五）学业质量评估标准

1. 评价内容概述

本课程评价以过程性评价与结果性评价相结合，紧扣教学内容与学习重难点，确定了评价内容范围，并具有一定的激励作用。过程性评价以单元评价呈现，结果性评价以线上线下音乐会形式呈现。

2. 评价形式

（1）单元评价。当学生完成一个单元的学习内容后，不仅能获得响应的称号，还将进行"以星换章"的活动。通过星星积累（以自评与他评相结合的方式进行评价）兑换单元奖章——环球章。在已拥有的环球旅行的护照本上不仅能拓展知识认识著名的竖笛演奏家，还能记录下自己的学习情况。第一单元评价样例如图7-6所示。

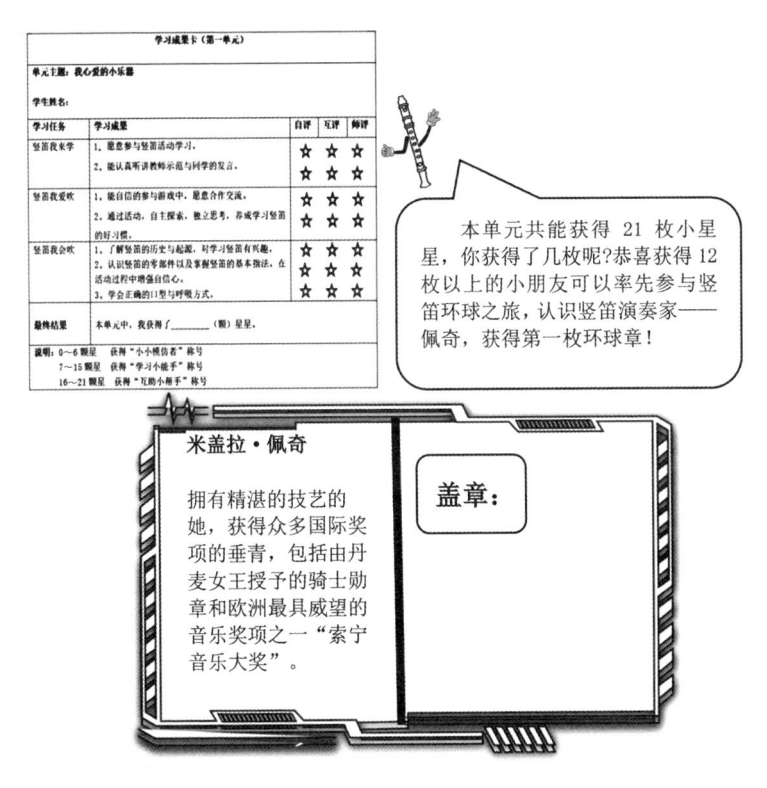

图 7-6　第一单元评价样例

（2）线上线下音乐会。通过现场演奏或者视频的方式记录下学生的学期表现,组织学生进行一场或多场音乐会,以此激励学生,让个性不同的学生有展示自我的机会。

二、课程样张

在新一轮的课改中,如何有效地开发和使用课程资源是一项重要的内容,课程资源的开发成为教师们关注的焦点。艺术课程资源是艺术课程内容的重要来源和艺术活动的重要载体,也是艺术课程实施的重要基本保障。《趣味竖笛伴我成长》的课程样张制作顺应时代的发展与需求,具有丰富性与可行性,根据本校学生的年龄特点以及心理特征进行编排。设计内容从小学音乐教学教材中发掘出部分作品,与课外拓展作品做出相应的整合。

(一) 版面设计

课程样张的版面设计主要以卡通人物"小笛"引领学生探索竖笛小世界,运用有趣味性的图文,吸引学生的目光,激发学生学习欲望。单元板块设置为"学一学""玩一玩""练一练""评一评",让学生趣中学、趣中玩、趣中练、趣中评,最后在多维度评价中了解自己的学习程度。"学一学""练一练"课程样张分别如图7-7和图7-8所示。

学一学

五线谱常识之音的高低

五线谱(Musical Notation)是世界上通用的一种记谱法,通过在五根等距离的平行横线上标以不同时值的音符及其他记号来记载音乐,属于运用最广泛的乐谱之一。

在音乐课中我们已经学会了部分五线谱上的音符,让我们一起来复习一下吧!

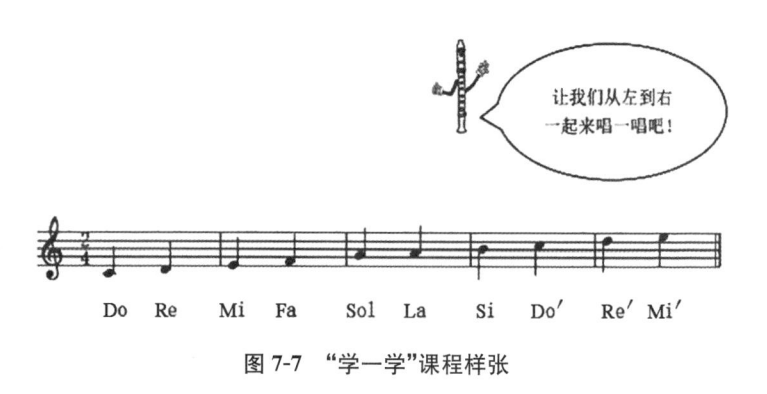

让我们从左到右一起来唱一唱吧!

Do　Re　Mi　Fa　Sol　La　Si　Do'　Re'　Mi'

图7-7 "学一学"课程样张

第七篇 趣味竖笛伴我成长

练一练

缓吹：缓吹时口腔呈圆形，唇部肌肉放松，气流平稳送出，能获得音质优美、浑厚、深沉的效果。

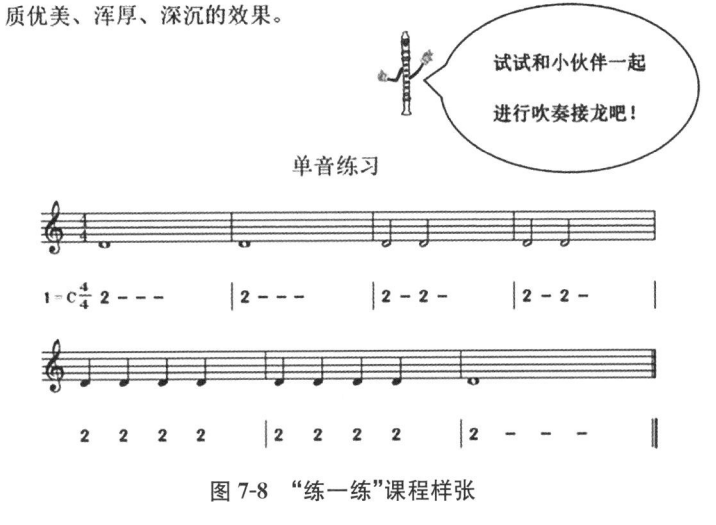

试试和小伙伴一起进行吹奏接龙吧！

单音练习

图 7-8 "练一练"课程样张

(二) 呈现形式

利用移动硬盘存储技术，传输给学生课后资源包，如图 7-9 所示。学生可以针对自己的不足反复练习。

图 7-9 课后资源包

(三) 教学资源

在课程样张中,大部分出示的谱例以简谱与五线谱的形式呈现。作品由易到难程度不等,按学生的学习能力层层递进,曲目一般选用学生较熟悉的国内外作品,如图 7-10 所示的《上学歌》竖笛曲谱。其中第五单元的样张以合奏谱为主,如图 7-11 所示的《粉刷匠》竖笛合奏曲谱。学生可以自由选择乐器声部进行配合演奏,这样不同学习能力层次的学生都可以参与其中,促进个性的发展,享受合作的乐趣。

> 1. 演唱乐曲的简谱或者五线谱。
> 2. 完整演奏乐曲,与伙伴合作表演。

图 7-10 《上学歌》竖笛曲谱

1. 根据呼吸记号的提示正确演奏乐曲。
2. 能按小组分配的声部进行练习，较完整地合作演奏乐曲。

粉刷匠

1=C $\frac{2}{4}$

波兰民歌

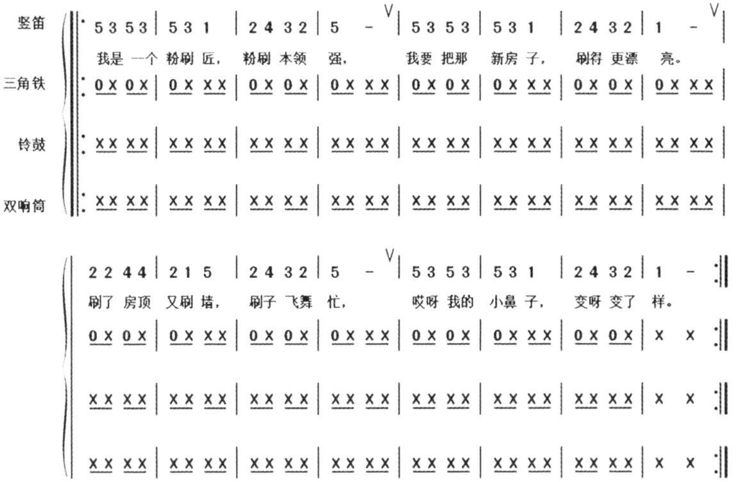

图 7-11　《粉刷匠》竖笛合奏曲谱

(四) 评价形式呈现

制定以学习态度、学习习惯、学习能力等多维度的评价为内容，以自评、互评、组评、师评、家长评为评价主体。这样较完善的评价机制能够使学生对自己的学习情况进行肯定与反思，对教学质量的提高有着重要的作用。课时评价与学习成果卡(单元评价)样例分别如图 7-12 和图 7-13 所示。

闪烁的小星星

法国名歌

$1=C\frac{2}{4}$

| 1 1 | 5 5 | 6 6 | 5 - | 4 4 | 3 3 | 2 2 | 1 - |

一闪一闪亮晶晶，满天都是小星星。

| 5 5 | 4 4 | 3 3 | 2 - | 5 5 | 4 4 | 3 3 | 2 - |

挂在天空放光明，好像千万小眼睛。

| 1 1 | 5 5 | 6 6 | 5 - | 4 4 | 3 3 | 2 2 | 1 - |

一闪一闪亮晶晶，满天都是小星星。

完成任务	星星数
1. 我认识作曲家莫扎特，大致了解乐曲创作背景。 2. 我能根据乐曲画出旋律线、唱准乐曲。 3. 我能自信大胆地演奏乐曲。	☆ ☆ ☆ ☆ ☆ ☆ ☆ ☆ ☆

图 7-12 课时评价样例

学习成果卡(第三单元)

单元主题:我的环球日志 学生姓名:_____					
学习任务	学习成果	自评	互评	师评
竖笛我来学	1. 喜欢参与竖笛学习活动。 2. 能聆听教师讲解示范,尊重同学发言。	☆☆☆ ☆☆☆		
竖笛我爱吹	1. 积极参加音乐活动,愿意与伙伴合作交流。 2. 能学习、探究不同地域的音乐文化。	☆☆☆ ☆☆☆		
竖笛我会吹	1. 了解著名音乐家的代表作。 2. 熟练掌握乐曲,在演奏过程中感受世界名曲的魅力。	☆☆☆ ☆☆☆		
最终结果	本单元中,我获得了_____(颗)星星。			
说明:0~6 颗星,获得"小小模仿者"称号; 　　7~14 颗星,获得"学习小能手"称号; 　　15~18 颗星,获得"互助小帮手"称号。				

图 7-13　学习成果卡(单元评价)样例

第三章　单元实施方案

构建大单元是学生核心素养达成的重要渠道,《趣味竖笛伴我成长》校本课程共设置 5 个单元教学内容,设计者将每个单元之间的教学内容进行有机结合,厘清零碎的知识点。基于素养主题进行构架,以大主题、大任务的形式教学,在各种艺术实践活动中让学生学会深层理解问题、感知体验音乐之美。以下呈现本课程第一单元《我心爱的小乐器》的具体实施方案。

一、单元内容

本单元围绕第一单元"我心爱的小乐器"这一主题,共设置了 3

个主题任务,分别为:认识我的小竖笛;了解我的小竖笛;吹吹我的小竖笛。每个任务对应不同的活动,通过活动了解竖笛的起源、分类;认识竖笛的零部件以及指法;学会正确的演奏姿势与正确口型。在此过程中鼓励学生对所学内容表达独立的感受与见解,养成学习竖笛的好习惯。根据学生的身心发展规律,以丰富多彩的教学内容和学科融合的教学方式,提升学生的核心素养,丰富学生的精神生活。

二、单元学情分析

三年级学生处于中年级学段,个别学生注意力容易分散,但大部分学生都能保持专注。在演奏方面个体差异较大,学习能力参差不齐。

三、单元教学目标

(1) 学生初步了解竖笛的起源,促进文化理解;学会竖笛的基础知识与技能,做到真正理解知识。

(2) 通过探索、观察、实践等方式,能联系生活经验,展开想象,保持对竖笛学习的探究欲与好奇心。

(3) 在音乐活动过程中能正确了解自己的学习程度,愿意发表个人意见,与伙伴交流,帮助其他伙伴共同学习。

四、单元实施安排

本单元设置了3~4课时的教学内容,第一课时教学内容为"认识我的小竖笛",第二课时教学内容为"了解我的小竖笛",第三、四课时教学内容为"吹吹我的小竖笛"。单元实施安排见表7-3。

表 7-3　单元实施安排

探索任务	学习内容			建议课时
	学一学	玩一玩	练一练	
认识我的小竖笛	1. 知道竖笛的起源与历史； 2. 认识竖笛家族	1. 区分六孔、八孔竖笛； 2. 观察竖笛家族分类	清洁、保养竖笛	1
了解我的小竖笛	1. 掌握竖笛组成部分； 2. 学习竖笛指法名称与基本手位	1. 自主探究组装竖笛； 2. 找一找0孔位置	在手型儿歌提示下正确按孔	1
吹吹我的小竖笛	1. 学会正确的演奏姿势； 2. 知道竖笛的呼吸方法	游戏：闻花香与吹蜡烛	小组探究"吹纸片"实验	1～2

五、单元评价

单元评价维度表见表 7-4。

表 7-4　单元评价维度表

评价维度	评价指标
竖笛我来学	1. 愿意参与竖笛活动学习； 2. 能认真听讲教师示范与同学的发言
竖笛我爱吹	1. 能自信地参与各类音乐活动； 2. 通过音乐实践活动，养成学习竖笛的好习惯
竖笛我会吹	1. 了解竖笛的历史与起源； 2. 认识竖笛的零部件以及掌握竖笛的基本指法； 3. 学会正确的口型与呼吸方式

第四章　课堂实践案例

本节课选自第一单元《我心爱的小乐器》中的第三课时《吹吹我的小竖笛》，通过复习组装竖笛、演奏手型以及竖笛的指法导入，以校本课程的卡通人物——小笛——带领学生进行3次闯关游戏(复习指法、初次吹奏、课后练习),增加了学习的趣味性,激发学习的主动性。通过3次闯关游戏,让学生了解自己的学习程度,以进阶式练习方法提升学生的演奏能力。

在新授的环节,由教师亲自示范,学生模仿正确口型,通过真实情景活动"闻花香"与"吹蜡烛",学生联系生活,发散思维,在此过程中学会真正理解如何吐气与吸气。通过吹纸片的实验进行小组讨论,借助小组合作,学生记录下自己的体验与感受,能在小组中发表自己的意见,感知吐气方式存在缓吹与急吹两种不同的形式。由此,培养学生解决问题的能力,形成持续学习的动力,达到学科核心素养的培育目标。以下是《吹吹我的小竖笛》一课的教学设计与案例反思。

一、教学设计

【课题】

《吹吹我的小竖笛》。

【课时】

第一单元《我心爱的小乐器》中的第三课时。

【教学内容】

口型与呼吸方法。

【教学目标】

(1) 复习组装竖笛、演奏手型以及指法,养成良好的演奏习惯,激发学习竖笛的欲望。

(2) 在聆听、观察、探索、实践学习活动中,运用模仿、练习等方式,学会正确的口型与呼吸方式。

(3) 在任务探究活动中,积极参与小组讨论,能与小伙伴分享自己的发现与感受,体验急吹与缓吹不同的吐气方式。

【教学重点】

学习正确口型与呼吸方法。

【教学难点】

体验急吹与缓吹不同的吐气方式。

【育人立意】

（1）在情景活动中，能紧密联系生活，生成独特的想法。
（2）在小组讨论中，深入思考，解决问题。

【评价环节与要求】

评价环节与要求见表7-5。

表7-5 评价环节与要求

评价环节与内容	评价要点	评价形式	目标指向
评价环节一： 复习指法	能做到反应迅速，位置准确，指腹按紧小孔	师生互评	目标1
评价环节二： 口型与呼吸方法	口含笛嘴上端1/3处，自然放松；联想适宜的场景表现吸气与吐气	教师评价	目标2
评价环节三： 区分急吹与缓吹	能正确选择吐气方式	师生互评	目标3

【教学过程】

(一) 复习巩固

开场白：上节课，我们学习会组装我们心爱的小乐器——竖笛，并初步探索了解了各个笛孔的小秘密。

1. 组装竖笛

要求：笛头笛身笛尾之间孔与孔对齐。

2. 复习各孔位置

（1）按1~7孔。
（2）按背孔(0孔)。

师:想要学好学竖笛,可是关键,你们还记得手型儿歌吗?让我们一起来复习。

3. 复习手型儿歌

儿歌:左手放在(上),右手放在(下);

手型握成(空心蛋);

指腹按出(小圆圈)。

师:瞧!我们的学习小伙伴——小笛正向我们招手呢!他想邀请我们进行指法闯关游戏!

要求:指法正确、手型标准。

4. 指法闯关练习

学生挑战指法闯关练习,如图 7-14 所示,指法闯关题见表 7-6。

图 7-14　学生挑战指法闯关练习

表7-6 指法闯关题

第一题	按0、1、2孔
第二题	按0、1、2、3孔
第三题	按0、1、2、3、4孔
第四题	按0、1、2、3、4、5、6孔
第五题	按0、1、2、3、4、5、6、7孔

5. 评价环节

评价方式为师生互评。

教学说明

学习要点：复习巩固上节课所学内容——组装竖笛、手型、指法，为学习吹奏打下基础。

指导与反馈要点：借助手型儿歌与指法闯关游戏，在评价中了解自己学习的程度。

(二) 新授知识

1. 学习正确口型

(1) 教师范奏乐曲一首《竖笛是我们的好朋友》。

过渡语：要学习吹好竖笛，不仅需要手指灵活，口型和呼吸方式也很关键。

关键设问：请你们仔细观察老师的口型，能不能在老师的表演后与大家分享你的想法？

(2) 总结正确口型。

师：八孔竖笛演奏时嘴角呈微笑状，不能鼓腮，口含笛嘴上端的1/3处。

(3) 学生尝试口含笛嘴。

注意:口含笛,不发声。

2. 评价环节

评价方式为教师逐个指点评价。

> **教学说明**
>
> **学习要点**:学生学会正确口型,有助于吹出优美的音色,养成良好的学习习惯。
>
> **指导与反馈要点**:借助图示与亲身示范,让学生能清晰的了解口型的重要性。

(三) 情景活动

过渡语:正确的口型有利于我们养成良好的演奏习惯,那么如何吹出优美的音色呢?让我们一起来了解一下吐气与吸气方式。

1. 学会吸气方式

(1) 观察闻花香图片。

(2) 个别学生演示。

(3) 学生尝试吸气。

师:在闻花香时候,要深深地吸气,慢慢地吸气。

2. 学会吐气方式

(1) 观察吹蜡烛图片。

(2) 个别学生演示。

(3) 学生尝试吐气。

师:在吹蜡烛的时候,我们的气息保持均匀且稳定,还留有余下的气息。

3. 拓展思维

关键设问:谁能想一想在生活中有哪些方式与闻花香和吹蜡烛

的方式相似呢?

(1) 学生自由回答(如闻饭菜香味、吹泡泡等)。

(2) 教师评价。

4. 对比吹奏两组音符

(1) 学生吹奏 6 音和 2 音。

(2) 对比吐气方式的不同。吹纸片实验如图 7-15 所示。

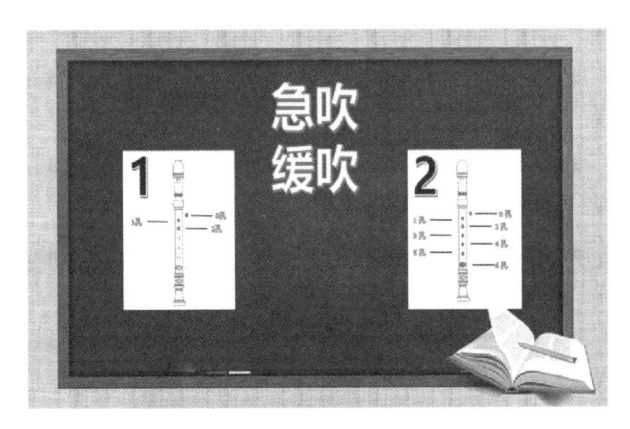

图 7-15　吹纸片实验

师:接下来让我们从一个吹纸片的实验中继续深入了解吐气方式的不同。

教学说明

学习要点:通过情景活动,学生能自己联系到平时的生活经验,学会正确的呼气与吸气方式。

指导与反馈要点:引导学生在情景活动中试一试,引导学生将已有的生活经验迁移到学习呼气吸气的方式上,将生活经验转化为音乐学习经验。

(四)探究合作

1. 小组合作

探究实验:如何让纸片吹不走、一吹就走?

(1) 分析实验的研究情况。

(2) 交流想法、填写表格。"吹纸片"实验表格如图 7-16 所示。

小组记录:	吹不走	一吹就走
运用气息(平稳、急)	平稳	急
口型(圆形、扁形)	圆形	扁形
吐气方式(缓吹、急吹)	缓吹	急吹

图 7-16 "吹纸片"实验表格

(3) 了解缓吹、急吹。

(4) 进行吹奏闯关游戏,如图 7-17 所示。吹奏闯关题见表 7-7。

图 7-17 进行吹奏闯关游戏

表 7-7 吹奏闯关题

第一题	按 0、1、2 孔
第二题	按 0、1、2、3 孔
第三题	按 0、1、2、3、4 孔
第四题	按 0、1、2、3、4、5、6 孔
第五题	按 0、1、2、3、4、5、6、7 孔

(5) 教师评价。

(6) 小结。在闯关游戏中,我们发现演奏竖笛时候,不同的指法、音区会用到不同的吐气方式。

> **教学说明**
> **学习要点**:通过小组合作分析、探究,了解气息的不同运用方式。
> **指导与反馈要点**:借助小组合作,学生记录下自己的体验与感受,能在小组中发表自己的意见,小组能有效合作得到统一答案。

(五) 评价环节

指导学生在下列选项中为自己和同学的表现打星,每一个选项可以打 1~3 颗星。要求学生根据自己的实际情况填写,并在课后完成学习任务单中的内容。图 7-18 所示为课后学习任务单。

师:在这节课中,我们已经学会许多的竖笛小知识,接下来请为自己和小伙伴的表现打星。

(1) 我学会了正确的口型与呼吸方式,养成了良好的演奏习惯。
(   )

(2) 我能选择适当的吐气方式进行演奏。   (   )

(3) 我愿意与小伙伴合作,能与小伙伴分享自己的感受。
(   )

图 7-18 课后学习任务单

(六) 小结

师:今天,我们学习了正确口型,了解了如何吐气与吸气并学会了不同的吐气方式,相信同学们都有了新的收获,我们下节课再见!

【教学流程图】

教学流程图如图 7-19 所示。

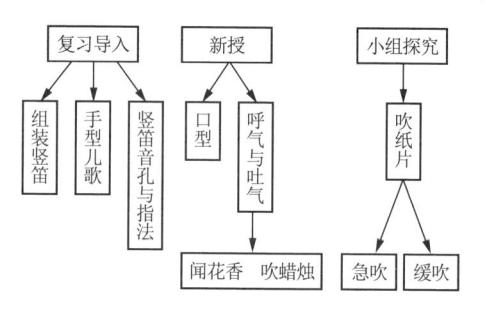

图 7-19 教学流程图

二、教学案例及反思

(一) 主要教学环节与策略

本案例主要由闻花香与吹蜡烛、吹纸片实验、吹奏闯关游戏三大环节组成。教学环节环环相扣,以游戏的方式贯穿整堂课。通过身体感知法、动手操作法、信息技术法教会学生演奏竖笛的呼吸方式,教会学生分类吐气方式。

1. 闻花香与吹蜡烛(学习吸气与吐气方式)

在此环节中,教师运用了身体感知法。为了让学生充分理解吐气与吸气的正确方式,教师首先请学生观察看似完全没有关联的图片——闻花香与吹蜡烛,在此过程中调动了学生的视觉感官;接着引导学生独立探索闻花香与吹蜡烛的方式,学生结合已有的生活经验学生进行独立思考,动脑分析研究闻花香与吹蜡烛的姿势;最后在亲身体验尝试中掌握运用的方法。整个过程多感联动,形成了一个完整的、综合的感知,不需要教师过多的语言和描述,学生就能在游戏中学会吐气与吸气。

通过身体感知法让学生在课堂中充分地发挥自主能动性,积极地参与到课堂中,激发强烈的求知欲望,使学生能够一直保持学习的热情与积极参与的状态。

2. 吹纸片(区分急吹与缓吹)

教师选取了"吹纸片"实验,动手操作指的是两个方面:①自主探究操作实验吹纸片,通过动手操作"吹纸片"的游戏,在体验、观察、分析、总结中得到相对统一的答案,在此过程中让学生了解演奏时如何控制气息、运用怎样的口型演奏以及如何分辨急吹与缓吹;②与小组成员合作动手操作实验吹纸片,组员们能各司其职,配合完成自己负责的部分,分析记录、参与实验、仔细观察、发表观点,一旦学生有了相应的角色担当,参与度也会变得很高,从而增强了自身的责任感。

通过问题导向,促进了学生之间互相学习合作的能力,在游戏中建立起了规则意识,大家能互相协商解决问题,在实践动手操作后表达自己的观点。这些过程都有利于学生高阶思维的发展。

3.吹奏闯关游戏(初次吹奏)

通过教师自制的视频吹奏闯关游戏,聆听、对比自己的演奏的音色,在良性竞争的游戏活动中体会协同演奏的乐趣,感受初次演奏的成就感。在器乐教学课堂中,教师借助信息技术,丰富了课堂器乐教学的表现形式。依靠信息技术所具有的灵活性、活动性、形象性等特点,为学生创造出与之相适应的游戏情境,让学生在情境体验中更好地感受音乐形式的多样性,最终通过拓展思维,学会迁移运用知识,自己提出问题,从而进一步激发学生的创造力和想象力,保障器乐教学实效。

(二)教学反思

在本案例中,我认为自己的评价机制还不够明确,在教学评的一致性上可以更完善。比如,在完成课后,除了师评还组织学生进行自评、互评等,其实还可以组织组与组之间的评价,良性的竞争更有利于学生的自我反省与提升。写一写自己的体会,从中找到问题,进行自我调整,使自己更快地得到进步。通过这种多元科学的评价,可以增强师生和生生之间的互动,让学生们在相互协作的过程中,体会与人的共事,感受与人交流的快乐,还可以提高他们的实践操作水平。

以评促学是达到教学目的的手段之一。学生在完成一项学习任务后,应对学生的"成绩"进行评估和总结,这样既能激励学生,又能激发学生对学习器乐的兴趣,还能让他们找到自己的不足,为以后更好地学习打下坚实的基础。为此,应从多方面、多角度出发,建立起一套科学、合理的评估机制,从而使其更好地应用于课堂器乐教学。

在小学的器乐教学中,多维度的评价是非常关键的,它可以让学生主动参与到教学中来,同时提高教学的实效性,有助于学生掌握音乐知识,提高音乐素养,促进学生的综合素质。

第八篇　竖笛吹吹乐

郭思宏，上海市徐汇区园南小学，工作13年，毕业于上海师范大学音乐教育专业。

曾获"上海市园丁奖"荣誉称号；徐汇区教育系统荣昶骏马奖。指导学生获上海市学生艺术单项比赛声乐组一等奖、上海市少年儿童模特大赛金奖、上海市学生民族鼓乐大赛小学组三等奖等，曾在《中小学音乐教育》《当代教育》等刊物中发表文章。

第一章　导　语

时代在发展,生活水平也在不断进步。在"双减"背景之下,家长们对提升孩子艺术素养的需求更高了,大都希望孩子在学校学习之余,能够多一些陶冶情操、发挥天赋和思维、拓宽视野、发展综合能力的艺术活动。为此,园南小学充分利用课后服务时间,开设了丰富多样的学生社团活动,让孩子们能够真正拥有时间和精力去做自己想做的事。

随着小学音乐教学改革的不断深入,器乐教学对于学生音乐核心素养的培养着实具有不可替代的作用。对于小学生来说,生动有趣的内容更容易吸引他们的注意力,而器乐教学就具备这样的"气场",然而,在小学音乐的实际教学中,固定音高乐器的学习易受时间等的限制。

基于以上所述,园南小学开展了《竖笛吹吹乐》校本课程建设,结合《义务教育艺术课程标准(2022版)》(以下简称《标准》)教育指导思想,围绕"器乐课堂中的引导式阶梯教学"的实践研究进行课程开发,旨在提升学生音乐表现力,增强学生认识美、创造美、交流美的能力,培养学生的自信品质以及团队合作精神,从而发展音乐学科核心素养。

第二章　课程设计

一、课程框架

在教育日益注重多元化的今天,在开设国家统一课程的基础上,不同的学校根据自身的特点,开发并实施适合于本校的校本课程,是非常具有价值与意义的。基于当下艺术教育方针,以《标准》为导向,结合学校器乐教育教学现状及对"双减"政策的分析,设计者计划开发器乐校本课程《竖笛吹吹乐》,并在课后服务中开展实践。在编写课程总目标的同时，设计者还细化了分水平目标，梳理了单元教学框架，并创设了不同的评价维度与评价方式。

(一) 背景分析

为全面贯彻党的教育方针，落实立德树人根本任务，提升学生的核心素养，如何更好地开展艺术教育，是当下必须关注的问题。尤其是在"双减"背景下，家长们对提升孩子艺术素养的需求也更高。艺术教育的开展能够让孩子在学校学习之余，充分发挥他们的天赋和思维，拓宽视野、陶冶情操，发展他们协调能力的同时，还能提升认识美、创造美、交流美的能力，促进学生身心健康成长。

随着时代的进步，以及小学音乐教学改革的不断深入，基于教学实践经验发现，器乐教学对于学生音乐核心素养的培养具有不可替代的作用。八孔竖笛[①]作为固定音高乐器，具有简单易学、携带方便、声音优美等优势，深受孩子们喜爱，适合小学生学习，能够较好激发学生的学习兴趣，促进学生综合音乐素质的培养；对于提升学生审美能力和创造美的能力、培养学生的自信品质以及团队合作精神，具有重要作用。

园南小学是徐汇区长桥地区一所公办小学，学校坚持以"学生为本、全面发展、实践体验、全员育人、全面渗透"的办学理念，充分利用课后服务时间，开设丰富多样的学生社团活动，从而促进学生的体质健康发展和艺术修养提升。竖笛即为社团活动之一。

(二) 课程理念

1. 以兴趣爱好为动力，坚持以美育人

面向义务教育阶段的音乐校本课程，目的不是为培养音乐的专业人才，而是为了使学生的音乐潜能得到开发，并使他们从中受益。以兴趣爱好为学习的动力，让学生与音乐保持密切联系，积极参与各

[①] 八孔竖笛(Recorder)是竖笛类乐器中最科学、性能最为完美的一种，因此本课程选用八孔竖笛进行教学实践，以下都简称为"竖笛"。

类活动，感受音乐、享受音乐、表现音乐、创造音乐。积极开拓学生的艺术视野，丰富审美体验，深化对音乐艺术的理解，培养学生能够自主想象和表达音乐的能力。

2. 关注全体学生，注重个性发展

坚持"以学生的发展为本"，以落实核心素养为主，以器乐教学为载体，强调音乐实践，鼓励音乐创造，突出音乐特点；并在音乐实践的过程中，增强学生的自信心，形成丰富、健康的审美情趣，培养学生的自信品质以及团队合作精神。音乐具有普遍性，需要进行普及；但同时也要尊重个性，鼓励学生积极参与音乐活动，用自己的方式表现音乐，给予他们更多的音乐发展空间。

3. 提升人文素养，理解音乐文化多样性

在器乐学习过程中掌握演奏方法，同时丰富审美经历，学会感悟音乐作品并提升合作能力，开阔视野，尊重音乐风格的多样性，了解音乐文化，注重音乐与自然、生活等的关联，形成正向的艺术价值审美取向，促进身心健康全面发展。

(三) 课程目标

1. 课程总目标

本课程育人价值制定依据是：在"双减"背景下，坚持"以学生的发展为本"的原则，坚持"侧重体验，激发思维，关注创新"为本课程开发的指导思想，通过固定音高器乐教学，培养学生的音乐核心素养。

(1) 审美感知。以"培养学生音乐素养"为核心，通过竖笛学习，激发学生音乐学习的兴趣，增强学生的美感与乐感，帮助学生走近音乐、感受音乐、理解音乐，提高学生的鉴赏能力及创新能力，丰富情感体验，陶冶高尚情操。

(2) 艺术表现。掌握在音乐活动体验中所渗透的音乐基础知识和基本技能，能够将所学的旋律、节奏、力度等基本音乐要素，自信地实践于音乐表现中，乐于表达情感和交流思想感受，从而逐步增强责任意识与合作意识。

(3) 创意实践。积极投入乐谱识读、技能演奏和情感表达等活动中,通过掌握正确的演奏姿势、指法,以及吹奏方法与技巧,养成良好的学习习惯,不断增强好奇心和探究欲,激发想象力和创新意识,更好地表达音乐的美以及作品所表现的思想内涵。

(4) 人文理解。在感悟音乐作品及表现音乐的过程中,了解音乐历史与文化,开阔艺术视野,学会尊重、理解与包容;注重音乐与自然、生活等的关联,形成正向的艺术价值审美取向,从而促进身心健康全面发展。

2. 分水平目标

由于授课对象为三至四年级混班制,且都是初次接触竖笛,因此进行如下分水平目标制定。

(1) 学习初级阶段。

1) 认识竖笛,初步了解其构造及发展历史,初步感知体验固定音高乐器——竖笛——的艺术魅力。

2) 掌握正确的竖笛保养方法,在养成爱惜乐器、卫生使用乐器的好习惯同时,激发学习器乐(竖笛)的兴趣。

3) 学习正确的演奏手型、口型及呼吸方法,建立良好的竖笛吹奏习惯,乐于主动学。

(2) 学习中级阶段。

1) 掌握左手5个音与右手4个音的吹奏,在竖笛吹奏的过程中,进一步提升识谱能力。

2) 提升音乐鉴赏能力,善于思考,并能积极主动展示自己的学习成果,逐步建立自信心及对音乐的感受与表达能力。

3) 乐于与老师、小伙伴交流分享自己的感受,能友善、主动地完成各类活动,并能正确评价自己或小伙伴的表现,从而更好地表达音乐的美以及作品所表现的思想内涵。

(3) 学习高级阶段。

1) 进一步掌握竖笛吹奏技巧,能够正确演奏连音、跳音、吐音等技巧,结合力度等音乐要素,丰富音乐表现力,增强情感体验。

2）能够熟练吹奏低、中、高音区，有感情地进行曲目演奏，并在一定程度上进行创编，培养创新意识。

3）了解音乐历史与文化，加强综合实践活动，能够注重团队合作精神，自信演绎，完成乐曲独奏及合作曲目。

（四）课程内容

《竖笛吹吹乐》是园南小学开发设计的固定音高乐器课程之一，面向校三至四年级的学生。本课程预设在学校课后服务时间实施混班制教学，学生均为自主选课，且都无竖笛吹奏基础。课程共设置4个单元学习内容，以引导式的阶梯教学为基调设置活动。课程内容框架见表8-1。

表8-1　课程内容框架

单元模块	内容概要	单元目标	课时安排
第一单元 八孔竖笛初体验	1. 认识竖笛； 2. 竖笛使用指南； 3. 竖笛演奏的呼吸方法； 4. 竖笛吹奏的手指起落练习	1. 认识竖笛，知晓竖笛的发展历史；初步了解竖笛的构造及特点，能够用正确的方法对竖笛进行保养，养成爱惜器乐及卫生使用乐器的好习惯；不断激发和培养对竖笛学习的兴趣； 2. 熟悉竖笛各部位名称，并掌握正确的竖笛演奏姿势，学会用正确的手型和口型使用竖笛，为今后的吹奏打下坚实基础； 3. 通过实践与体验，掌握吹奏竖笛的正确呼吸及换气方法； 4. 练习手指动作，能够努力做到开、闭音孔时手指起落灵活，动作干净利落	建议4～5课时
第二单元 我与竖笛做朋友	1. 五线谱及简谱的认识学习； 2. 音符的时值长短； 3. 休止符的时值长短； 4. 认识附点； 5. 节奏与节拍	1. 加强音乐实践体验，认识五线谱及简谱，熟练音符及休止符的时值，能够正确拍击节奏，从而为之后的曲目吹奏打下基础，提升学习积极性； 2. 感知音乐的基本要素，提升音乐鉴赏能力，善于思考； 3. 能自信展示，逐步增强对音乐的感受与表达能力，并与同伴互相学习、互相帮助	建议6～7课时

续表

单元模块	内容概要	单元目标	课时安排
第三单元 吹响我的 小竖笛	1. 竖笛的发音练习及吹奏技法； 2. 左手5个音的练习； 3. 左手5个音的乐曲练习； 4. 右手4个音的练习	1. 掌握基本功,学习正确的竖笛吹奏方法,培养学生自主探究的能力； 2. 学习吹奏左手5个音、右手4个音,结合针对性的练习曲,熟练掌握竖笛的吹奏方式； 3. 能够不断丰富音乐表现力,增强情感体验	建议6~7课时
第四单元 竖笛趣味 吹奏秀	1. 趣味吹奏（高音、颤音等）； 2. 乐曲独奏练习曲； 3. 多声部合奏曲演奏	1. 巩固演奏技能,提升演奏技法难度,激发学生创新意识,培养创造性思维； 2. 通过竖笛演奏,增强自信及合作意识,乐于与伙伴合作、交流,不断提升艺术审美力及对音乐文化和历史的了解； 3. 在音乐实践活动和音乐表现中,感受音乐、理解音乐,提高学生的鉴赏能力及创新能力,形成正向的艺术价值审美取向	建议将此单元中练习曲目融入前几单元的教学

课程各单元内容结构分别如图 8-1 至图 8-4 所示。

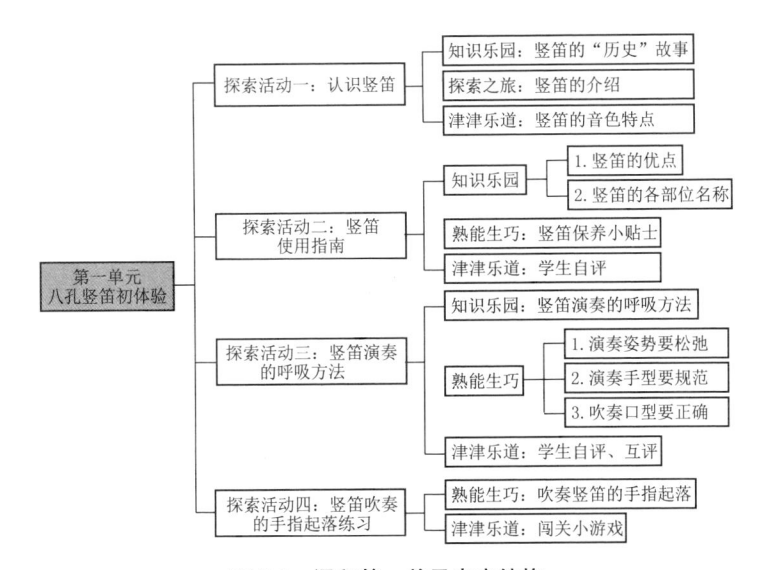

图 8-1 课程第一单元内容结构

第二单元 我与竖笛做朋友

探索活动一：五线谱及简谱的认识学习
- 知识乐园
  - 认识五线谱
  - 音符的高低
- 熟能生巧：识谱大考验
- 津津乐道：学生自评、互评

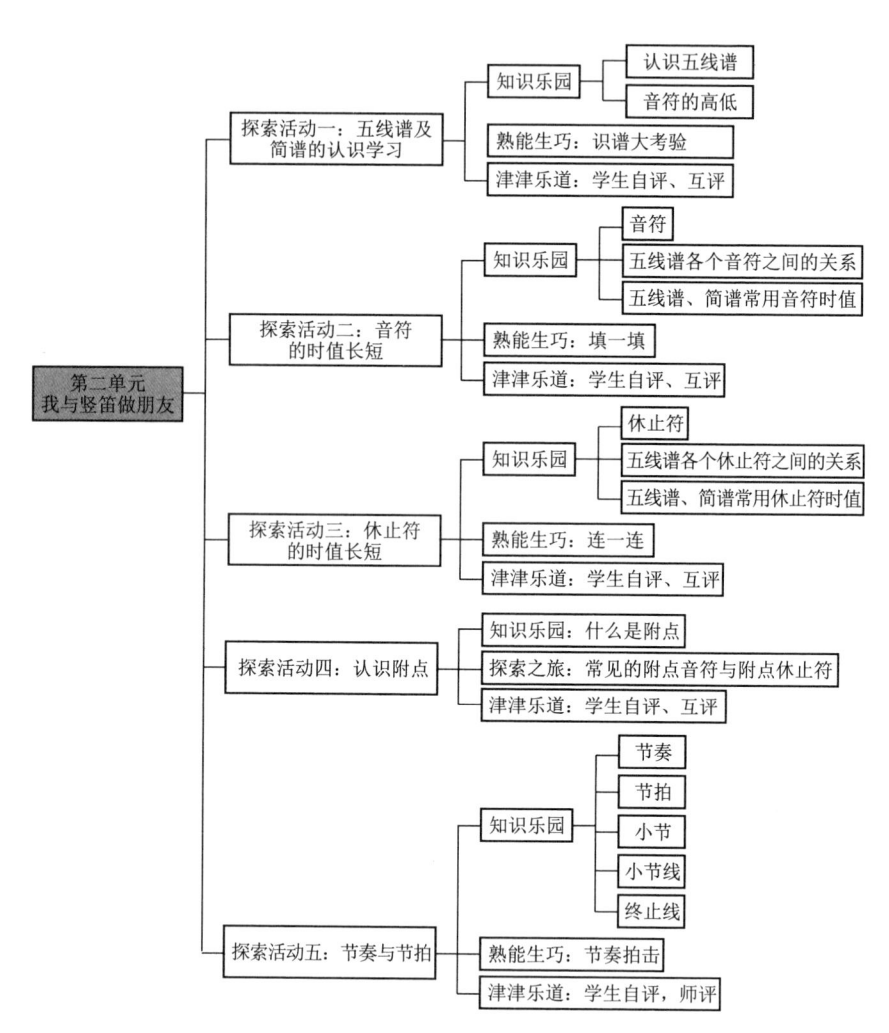

探索活动二：音符的时值长短
- 知识乐园
  - 音符
  - 五线谱各个音符之间的关系
  - 五线谱、简谱常用音符时值
- 熟能生巧：填一填
- 津津乐道：学生自评、互评

探索活动三：休止符的时值长短
- 知识乐园
  - 休止符
  - 五线谱各个休止符之间的关系
  - 五线谱、简谱常用休止符时值
- 熟能生巧：连一连
- 津津乐道：学生自评、互评

探索活动四：认识附点
- 知识乐园：什么是附点
- 探索之旅：常见的附点音符与附点休止符
- 津津乐道：学生自评、互评

探索活动五：节奏与节拍
- 知识乐园
  - 节奏
  - 节拍
  - 小节
  - 小节线
  - 终止线
- 熟能生巧：节奏拍击
- 津津乐道：学生自评，师评

图 8-2　课程第二单元内容结构

第八篇　竖笛吹吹乐

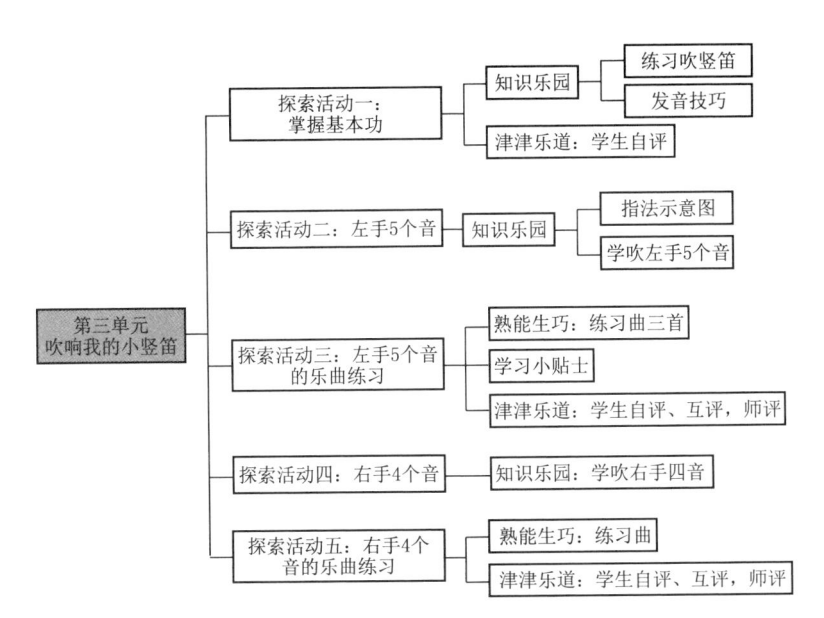

```
                                              ┌─ 练习吹竖笛
                          ┌─ 知识乐园 ────────┤
          探索活动一：      │                   └─ 发音技巧
          掌握基本功 ──────┤
                          └─ 津津乐道：学生自评

                                              ┌─ 指法示意图
          探索活动二：左手5个音 ── 知识乐园 ──┤
                                              └─ 学吹左手5个音

                                              ┌─ 熟能生巧：练习曲三首
第三单元    探索活动三：左手5个音             │
吹响我的    的乐曲练习 ─────────────────────┤─ 学习小贴士
小竖笛                                         │
                                              └─ 津津乐道：学生自评、互评、师评

          探索活动四：右手4个音 ── 知识乐园：学吹右手四音

                                              ┌─ 熟能生巧：练习曲
          探索活动五：右手4个                  │
          音的乐曲练习 ───────────────────────┤
                                              └─ 津津乐道：学生自评、互评、师评
```

图 8-3　课程第三单元内容结构

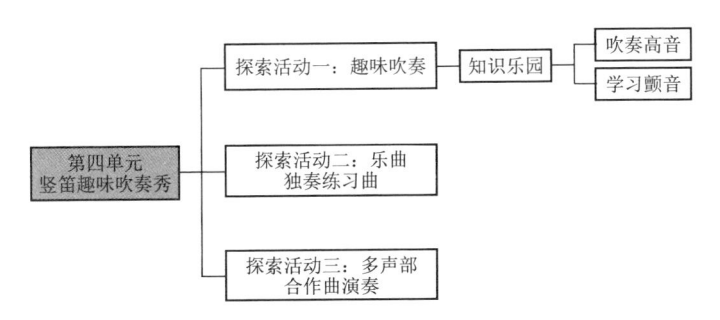

```
                                              ┌─ 吹奏高音
          探索活动一：趣味吹奏 ── 知识乐园 ──┤
                                              └─ 学习颤音
第四单元
竖笛趣味    探索活动二：乐曲
吹奏秀      独奏练习曲

          探索活动三：多声部
          合作曲演奏
```

图 8-4　课程第四单元内容结构

（五）学业质量评估标准

1. 评价概述

（1）学生自评与互评相结合。态度认真、同学之间能够相互帮助，能够服从教师的小组分工，完善彼此的演奏动作。

（2）教师评价。包括口头评价、奖励等：注重有效的激励性评价，多以积极期待为主，以评促学，提升他们课堂的主动有效性。并能够对乐理知识、节奏感等进行点评。

（3）期末评选。立足于对学生艺术素养发展状况进行全面评定，评选出：学习之星、团队之星、文艺之星、台风之星。

（4）评价注重兼顾群体性发展与个性发展，尊重学生有创意的表现，引导学生发现自己的艺术潜能。

2. 评价形式

（1）集星卡。评价工具表样例如图8-5所示。

学习成果	我会听 （听辨）	我会唱 （视唱）	我会奏 （演奏技巧）	我会合作 （曲目表演）
★★★★★ （星级评价）	1. 能够正确听辨出竖笛的音色 2. 能够准确说出乐器的音色特点	1. 能跟随同伴一起正确视唱曲谱，做到节奏、音高基本准确 2. 能熟练正确视唱曲谱，并能在正确的地方准确换气，并有强弱地演唱	1. 能以正确的演奏姿势及方法，进行乐器吹奏 2. 演奏姿势、方法符合规范，节奏、节拍、旋律正确，力度适宜、速度稳定。并能够准确换气吹奏	1. 能与小伙伴互帮互助 2. 注重团队合作精神，能够自信演绎，体现音乐情绪和特点，与小伙伴共同完成乐曲合作曲目。并有一定的创新意识

图8-5 评价工具表样例

（2）学习记录档案。让学生通过选一选自己的喜爱作品、记一记自己的心得体会、写一写自己遇到的困难和疑问，以学习档案的方式，形成过程性的资料积累，更好地帮助自己自我了解、自我激励，从而有更好的努力方向。学习档案记录表样例如图 8-6 所示。

学习档案记录表	
我喜爱作品	
我的收获	（如，我学会了什么技能？我学会吹奏……）
我的困惑	（如，我在学习……时，遇到了困难……）

图 8-6　学习档案记录表样例

（3）期末音乐会。以个人或小组，齐奏或重奏等丰富的形式，汇报一学期的学习成果，自信展示风采。

二、课程样张

《竖笛吹吹乐》这一课程的开发，目的不是为培养音乐的专业人才，而是借助竖笛这一固定音高乐器，激发学生的学习兴趣，让学生与音乐保持密切联系，从而使他们的音乐潜能得到开发，并能从中受益。而课程样张，是基于课程总目标及教学单元框架内容而设计的，其中包含教与学所需的影音资料、音乐知识、活动设计、演奏谱例等，除了用于竖笛社团课程，还可作为平日音乐课堂教学中的辅助学材，也可供其他音乐教师教学共享使用。

（一）版面设计

为激发学生的学习与阅读兴趣，《竖笛吹吹乐》课程样张的版面设计，多采用趣味化的语言文字与具有直观特点的图片相结合的方式。各单元以引导式探索活动组成，主要由"知识乐园""熟能生巧""津津乐道"等板块串联（即引导学生"学一学""练一练""说一说"），并将音乐游戏、作品赏析等活动融入其中，以求学生学得快乐、学得轻松。"津津乐道"课程样张如图 8-7 所示。

竖笛吹奏小口诀

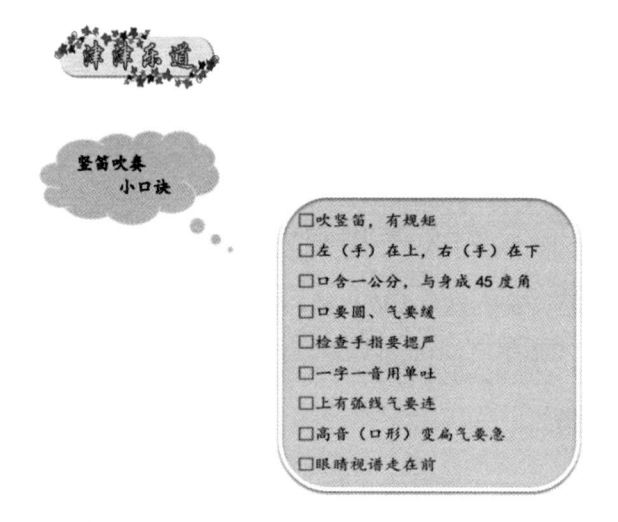

□ 吹竖笛，有规矩
□ 左（手）在上，右（手）在下
□ 口含一公分，与身成45度角
□ 口要圆、气要缓
□ 检查手指要按严
□ 一字一音用单吐
□ 上有弧线气要连
□ 高音（口形）变扁气要急
□ 眼睛视谱走在前

»看看你身边的小伙伴，TA竖笛的演奏姿势松弛、规范吗？手型与口型正确吗？为什么？

请为小伙伴的表现打颗★吧（　）

请为自己的表现打颗★吧（　）

你与小伙伴之间能够相互帮助吗？_____。

记录下自己的收获与困惑_____。

图 8-7 "津津乐道"课程样张

（二）呈现形式

课程样张以电子版与纸质版相结合的方式呈现；同时，随着智能移动终端的广泛普及，许多信息化科技设备已经成为学生们学习的重要工具，因此本课程也将"信息化"融入其中。如图 8-8 所示的"竖笛的介绍"课程样张，就插入了可扫描的二维码，学生只需扫码即可获得直观的图片、视频欣赏体验，使得教程变得更加生动形象，也利于学生课后进行反复的欣赏、学习和巩固，从而激发他们不断探索、思考的学习精神和自主学习能力。

【竖笛的介绍】

想知道竖笛更多的"故事"吗？扫描下面二维码，开启竖笛探索之旅吧！

»怎么样？现在的你，对"竖笛"是不是更加了解啦？你能把它的故事说给你的小伙伴听吗？

图 8-8 "竖笛的介绍"课程样张

（三）教学资源

在课程样张中有较多的演奏谱例，有适合教学内容的简短的演奏作品，也有适合不同学习阶段的具有阶梯性的二声部乐曲谱例，均符合学生的审美认知和吹奏表现，能够帮助学生进一步提升吹奏技能及音乐表现能力。图 8-9 所示为《好宝宝要睡觉》竖笛吹奏谱例。

（四）评价形式呈现

《标准》中明确指出，音乐课程的评价应充分全面推进素质教育的精神，着眼于评价的教育、激励与改善的功能。本课程评价注重兼顾群体性发展与个性发展，尊重学生有创意的表现，引导学生发现自己的艺术潜能。过程性评价贯穿于整个教学活动，通过学生自评与互评相结合的方式，让学生对自己的学习态度和学习达成度有一个清楚的认识，并能够结合教师多维度的评价，对自己接下来的努力方向更加明确。同时，结合单元总结性评价、学期期末综合评价，不断建立学习自信心，促进音乐理解、表现和创造能力的发展。

练琴技巧

练习曲：《好宝宝要睡觉》

1=C 3/4

1 - 2 | 3 - - ˇ | 3 - 2 | 1 - - ˇ |
1 - 3 | 2 - 1 ˇ | 2 - - | 2 - - ˇ |
1 - 2 | 3 - - ˇ | 3 - 2 | 1 - - ˇ |
1 - 3 | 2 - 2 ˇ | 1 - - | 1 - - ‖

练习提示：

⌒ 是连音线。当这条弧线，连接两个或多个不同音高的音时，表示弧线以内的音要演唱或演奏得连贯；而连接两个或两个以上相同音高的音时，在演奏或演唱时作为一个音符，它的时值等于所有这些音符的时值总和，亦称为延音线。

图 8-9 《好宝宝要睡觉》竖笛吹奏谱例

第三章 单元实施方案

校本课程《竖笛吹吹乐》共设置 4 个单元教学内容，以下呈现本课程第三单元《吹响我的小竖笛》的具体实施方案。

一、单元教学内容

学习吹奏左手 5 个音、右手 4 个音，结合针对性的练习曲，熟练竖笛的吹奏方式。并能够不断丰富音乐表现力，增强情感体验。

第八篇　竖笛吹吹乐

本单元教学内容侧重于3项学科核心内容中的"音乐的表现力"。本单元基本问题可概括如下：

（1）如何正确吹奏竖笛（左手5个音、右手4个音）？

（2）如何运用旋律特征、音乐符号等主要特点表现音乐？

（3）如何积极主动展示自己的学习成果，逐步建立自信心及对音乐的感受与表达能力？

二、单元学情分析

《竖笛吹吹乐》是面向校三至四年级的学生开发设计的一门固定音高乐器课程。孩子们基本都是初次学习竖笛，因此对于如何正确吹奏竖笛，还需要进行系统的教授。本单元通过左手5个音与右手4个音的吹奏学习，既可以进一步提升孩子的识谱能力，也可以逐步建立孩子的自信心及对音乐的感受与表达能力。

三、单元教学目标

（1）学习竖笛的演奏方式，掌握左手5个音与右手4个音的吹奏，在竖笛吹奏的过程中，进一步提升识谱能力。

（2）结合教师启发与指导，提升音乐鉴赏能力，正确表现对音乐的感受与理解。善于思考，并能积极主动展示自己的学习成果，逐步建立自信心及对音乐的感受与表达能力。

（3）感知旋律音调特征，结合教师示范等方式，在演奏中正确表达节拍、速度、力度等音乐符号。

（4）乐于与老师、小伙伴交流分享自己的感受，能友善、主动地完成各类活动，并能正确评价自己或小伙伴的表现，从而更好地表达音乐的美以及作品所表现的思想内涵。

四、单元实施安排

表 8-2　单元实施安排

学习任务	学习内容	建议课时
探索活动一 掌握基本功	知识乐园： 1. 练习吹竖笛，能够控制气流的稳定，并轻柔吹奏； 2. 发音技巧，用舌头控制声音的停止，试着发"突"音； 津津乐道： 学生自评，并记录自己的表现	1
探索活动二 左手 5 个音	知识乐园： 1. 指法示意图，正确持笛（左手上右手下），熟悉各个音孔； 2. 学吹左手 5 个音（Sol、La、Si、Do′、Re′）	1
探索活动三 左手 5 个音的 乐曲练习	熟能生巧： 练习曲； 学习小贴士： 缓吹、急吹、超吹、短音的吹奏； 津津乐道： 学生自评、互评、师评	2
探索活动四 右手 4 个音	知识乐园： 学吹右手 4 个音（Do、Re、Mi、Fa）	1
探索活动五 右手 4 个音的 乐曲练习	熟能生巧： 练习曲； 津津乐道： 学生自评、互评，师评	2

五、单元评价

单元评价表见表 8-3。

表 8-3 单元评价表

学习成果	我会听 (听辨)	我会唱 (视唱)	我会奏 (演奏技巧)	我会合作 (曲目表演)
★★★★★ (星级评价)	1. 能够听辨出正确的竖笛吹奏音色 2. 能够准确听辨竖笛的各种吹奏方法音色特点	1. 能跟随同伴一起正确视唱曲谱,做到节奏、音高基本准确 2. 能熟练正确视唱曲谱,并能在正确的地方准确换气,并有强弱地演唱	1. 能以正确的演奏姿势及方法,进行乐器吹奏 2. 演奏姿势、方法符合规范,节奏、节拍、旋律正确,力度适宜、速度稳定,并能够准确换气吹奏	1. 能与小伙伴互帮互助 2. 注重团队合作精神,能够自信演绎,体现音乐情绪和特点,与小伙伴共同完成乐曲合作曲目,并有一定的创新意识
我喜爱的作品				
我的收获				
我的困惑				

第四章 课堂实践案例

一、教学设计

【课题】

《小小左手奏竖笛》。

【课时】

第三单元《吹响我的小竖笛》探索活动二第一课时。

【教学内容】

(1) 学习用左手吹奏竖笛 5 个音(Sol、La、Si、Do′、Re′)。

(2) 乐曲吹奏与合作表演。

【教学目标】

（1）掌握左手5个音(Sol、La、Si、Do'、Re')的吹奏指法,学会吐音的吹奏方法,并在练习过程中,进一步提升识谱能力及音乐感知力。

（2）通过聆听游戏、唱谱、吹奏表演等音乐活动,复习音乐记号,能够正确感受音乐情绪,并表现作品,从而自信展示自己的学习成果。

（3）在听、唱、奏及合作的过程中,能正确评价自己或小伙伴的表现,从而更好地表达音乐的美以及作品所表现的思想内涵,进一步提升综合音乐素养。

【教学重点】

学会通过正确的姿势、口型和指法,用左手吹奏竖笛。

【教学难点】

能够独奏和合作演奏乐曲,自信表达音乐作品。

【评价环节与要求】

评价方式为学生自评,学习(自评)记录单样例如图8-10所示。

【教学过程】

（一）欣赏导入

（1）仔细聆听以下3段音乐,请同学们思考:哪段音乐是由竖笛吹奏的?

（2）观看竖笛演奏视频,总结竖笛的音色特点。之后填写学习(自评)记录单中的"我会听"。

（二）知识点回顾

（1）复习竖笛的演奏姿势。

	我会听 (听辨)	我会唱 (视唱)	我会奏 (演奏技巧)	我会合作 (曲目表演)
★★★★★ (星级评价)	1. 能够正确听辨出竖笛的音色 ★★ 2. 能够准确说出乐器的音色特点 ★★★	1. 能正确视唱曲谱,做到节奏、音高基本准确 ★ 2. 能熟练正确视唱曲谱,并能在正确的地方准确换气 ★★ 3. 能在以上基础上,有强弱、有感情地演唱 ★★	1. 能以正确的演奏姿势及方法,进行竖笛吹奏 ★ 2. 能正确吹奏,节奏、节拍、旋律准确,力度适宜、速度稳定,并能够准确换气吹奏 ★★ 3. 能在以上基础,有强弱、有感情地吹奏 ★★	1. 能与小伙伴互帮互助,自信演绎 ★★ 2. 注重团队合作精神,与小伙伴共同完成乐曲合作曲目,体现音乐情绪和特点。并有一定的创新意识 ★★★
我收获的星				
我的感悟及困惑				

图 8-10　学习(自评)记录单样例

(2) 读一读吹奏竖笛的口诀。

吹竖笛、有规矩,要吹好,心莫急,

左手上、右手下,姿势正,孔按严,

口要圆,气要缓,上有弧线气要连,

一字一音用单吐,眼睛视谱走在前。

(三) 新授

1. 八孔竖笛的指法

八孔竖笛指法示意图如图 8-11 所示。

八孔竖笛指法示意图

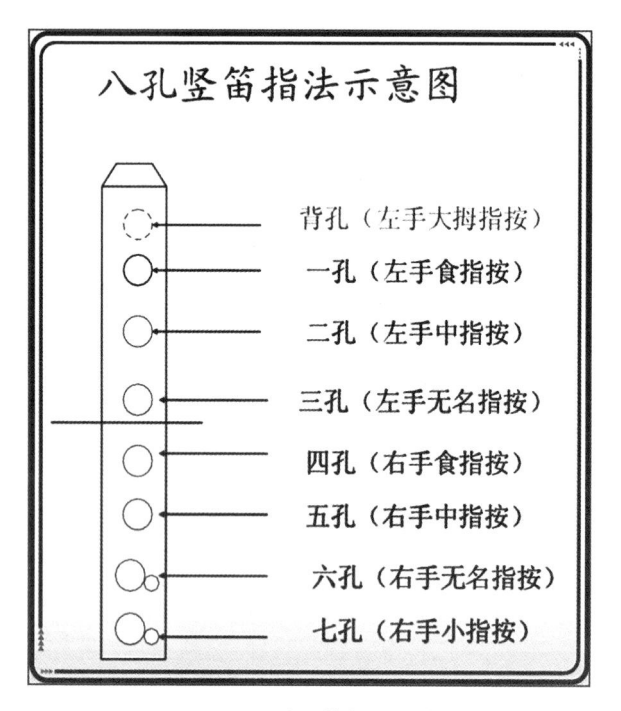

背孔（左手大拇指按）
一孔（左手食指按）
二孔（左手中指按）
三孔（左手无名指按）
四孔（右手食指按）
五孔（右手中指按）
六孔（右手无名指按）
七孔（右手小指按）

图 8-11　八孔竖笛指法示意图

师：左手上、右手下，由于今天我们只学习左手的吹奏，因此右手扶住笛身、笛尾起稳定作用。我们用左手拇指按住笛身背面上方孔，这孔就是"背孔"，也称"0孔"；左手食指、中指、无名指按竖笛正面的1孔、2孔、3孔。

2. 学习左手 Sol、La、Si 3 个音

（1）指法。吹奏时，在手指、手腕放松的同时，指肚按孔也要严密，手指呈自然弧形，切忌瘪指。避免闭孔不严而漏气的现象。此外，除了手型，口型也要自然放松，气息松缓、流畅，切忌气流过强。可以鼓励学生在尝试吹奏的过程中，提出自己遇到的困难。

1）吹奏 Sol，按住 0 孔及 1、2、3 孔，注意缓吹气。

2）吹奏 La，按住 0 孔及 1、2 孔，注意抬指不要过高，缓吹气。

3) 吹奏 Si,按住 0 孔及 1 孔,注意抬指不要过高,缓吹气。

(2) 发音练习。发音练习谱例(Sol、La、Si)如图 8-12 所示。

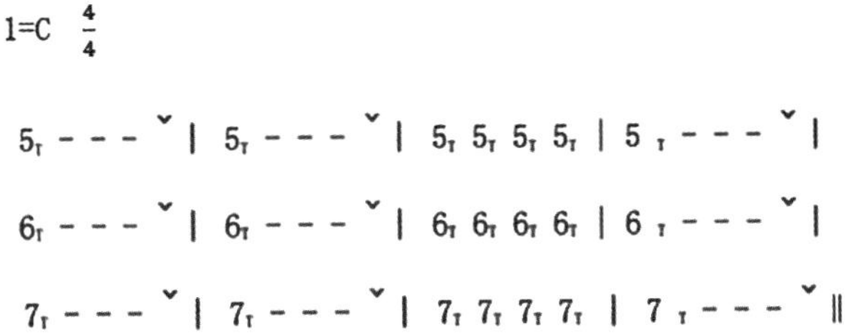

$1=C \quad \frac{4}{4}$

5ᴛ - - - ˇ | 5ᴛ - - - ˇ | 5ᴛ 5ᴛ 5ᴛ 5ᴛ | 5ᴛ - - - ˇ |

6ᴛ - - - ˇ | 6ᴛ - - - ˇ | 6ᴛ 6ᴛ 6ᴛ 6ᴛ | 6ᴛ - - - ˇ |

7ᴛ - - - ˇ | 7ᴛ - - - ˇ | 7ᴛ 7ᴛ 7ᴛ 7ᴛ | 7ᴛ - - - ˇ ‖

图 8-12　发音练习谱例(Sol、La、Si)

1) 跟着老师的竖笛声,哼唱曲谱,并在适当的地方加上呼吸记号(师吹奏、生唱谱),之后填写学习(自评)记录单中的"我会唱"。

2) 难点吹奏。第三小节的四个单音,可以用吐音的方式来吹奏(曲谱上标识"T"吐音吹奏记号以及呼吸记号)。总结正确的发音技巧。

(3) 三音练习。三音练习谱例(Sol、La、Si)如图 8-13 所示,师生合作吹奏。要求:吐奏时,音头清晰、音色明亮,且力度保持一致。

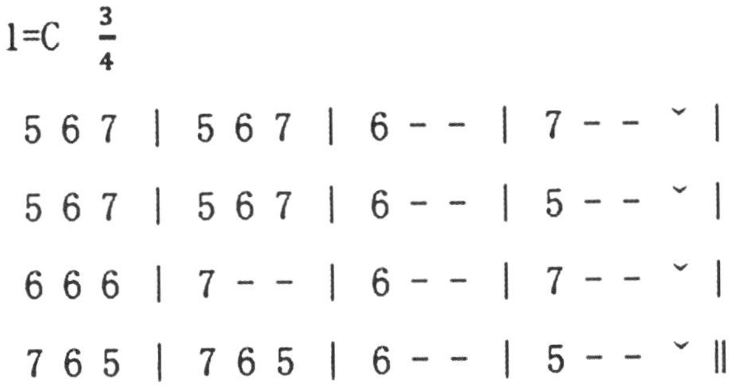

$1=C \quad \frac{3}{4}$

5 6 7 | 5 6 7 | 6 - - | 7 - - ˇ |

5 6 7 | 5 6 7 | 6 - - | 5 - - ˇ |

6 6 6 | 7 - - | 6 - - | 7 - - ˇ |

7 6 5 | 7 6 5 | 6 - - | 5 - - ˇ ‖

图 8-13　三音练习谱例(Sol、La、Si)

3. 学习左手 Do′、Re′ 2 个音

（1）指法。

1）吹奏 Do′，按住 0 孔及 2 孔，注意缓吹气。

2）吹奏 Re′，按住 2 孔，注意抬指不要过高，缓吹气。

（2）发音练习。发音练习谱例(Do′、Re′)如图 8-14 所示。

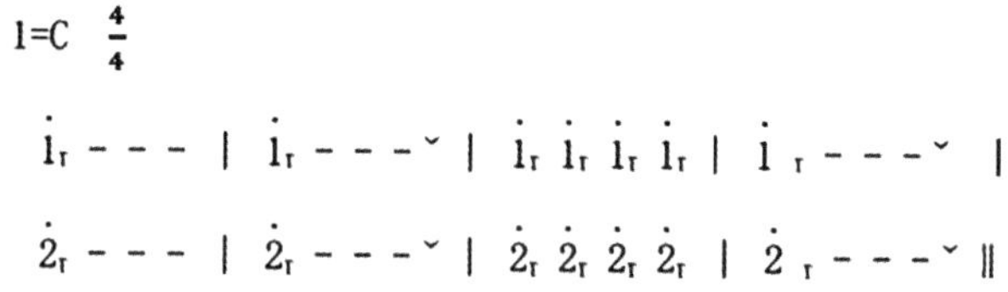

$1=C \quad \frac{4}{4}$

$\dot{1}_T - - - | \dot{1}_T - - -\check{} | \dot{1}_T \dot{1}_T \dot{1}_T \dot{1}_T | \dot{1}_T - - -\check{} |$

$\dot{2}_T - - - | \dot{2}_T - - -\check{} | \dot{2}_T \dot{2}_T \dot{2}_T \dot{2}_T | \dot{2}_T - - -\check{} \|$

图 8-14　发音练习谱例(Do′、Re′)

（3）音阶练习。音阶练习谱例如图 8-15 所示，此处可介绍"交叉指法"。之后填写学习（自评）记录单中的"我会奏"。

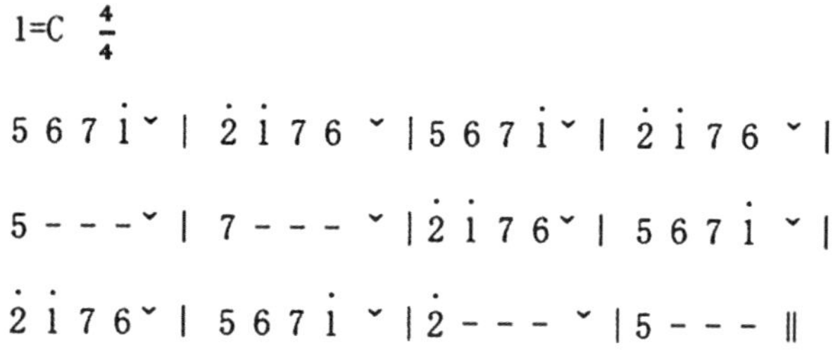

$1=C \quad \frac{4}{4}$

$5\ 6\ 7\ \dot{1}\ \check{}\ |\ \dot{2}\ \dot{1}\ 7\ 6\ \check{}\ |\ 5\ 6\ 7\ \dot{1}\ \check{}\ |\ \dot{2}\ \dot{1}\ 7\ 6\ \check{}\ |$

$5\ -\ -\ \check{}\ |\ 7\ -\ -\ \check{}\ |\ \dot{2}\ \dot{1}\ 7\ 6\ \check{}\ |\ 5\ 6\ 7\ \dot{1}\ \check{}\ |$

$\dot{2}\ \dot{1}\ 7\ 6\ \check{}\ |\ 5\ 6\ 7\ \dot{1}\ \check{}\ |\ \dot{2}\ -\ -\ \check{}\ |\ 5\ -\ -\ \|$

图 8-15　音阶练习谱例

（四）乐曲吹奏

1. 吹奏乐曲《粉刷匠》

《粉刷匠》谱例如图 8-16 所示。

由学生练习，并吹奏展示。

2. 合作吹奏

提高难度，提出要求，并进行生生合作吹奏，之后填写学习（自评）记录单中的"我会合作"。

第八篇　竖笛吹吹乐

```
1=C 4/4

2 7 2 7 | 2 7 5 - ˇ | 6 1 7 6 | 2 - - - ˇ |
2 7 2 7 | 2 7 5 - ˇ | 6 1 7 6 | 5 - - - ˇ |
6 6 1 1 | 7 5 2 - ˇ | 6 1 7 6 | 2 - - - ˇ |
2 7 2 7 | 2 7 5 - ˇ | 6 1 7 6 | 5 - - - ˇ ‖
```

图 8-16　《粉刷匠》谱例

（五）点评环节

由教师点评并总结，整理出课堂小结。

【教学流程图】

教学流程图如图 8-17 所示。

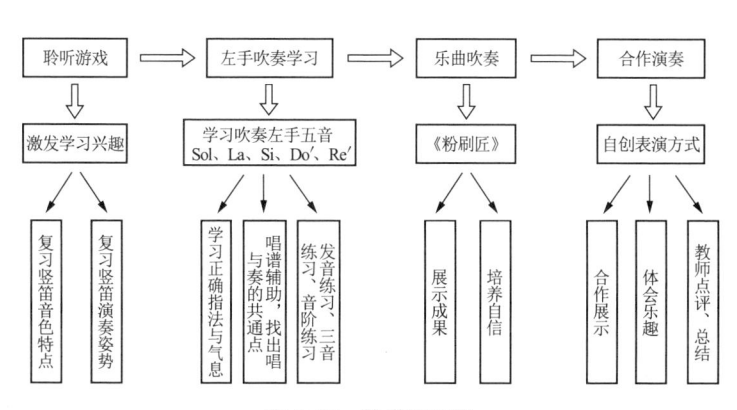

图 8-17　教学流程图

二、教学案例及反思

（一）主要教学环节与策略

本课通过欣赏小游戏作为导入，在激发学生学习兴趣的同时，听辨竖笛优美、圆润的音色特点。此环节能够让学生自评自身学习情况，完成学习（自评）记录单中的"我会听"。而后，组织学生欣赏竖笛演奏视频，向孩子们展示竖笛演奏的各种技法，进一步激发孩子对学习竖笛的好奇与热情，并于此开始鼓励学生：只要仔细学、认真练，也一定能吹奏出美丽的乐声。

本课的第二环节为知识点回顾。请学生复习竖笛的演奏姿势，并总结吹奏竖笛的口诀，让学生牢记在心，将基础打扎实，并能够将其运用于今后的竖笛吹奏中。这样的设计，既能够帮助学生再次复习、巩固，又能够进一步帮助孩子提升表达能力，增强自信。

新授过程，最重要的是左手演奏竖笛的指法，教授并示范给学生竖笛的持笛方式，并让学生识得并熟悉各音孔的位置及名称。我将指法新授分为两个环节。

第一环节为练习吹奏左手 Sol、La、Si 3 个音，在学生初步尝试后，让他们自己提出初步尝试后遇到的难题，从而可以有的放矢地帮助他们解决。进而总结出：①吹奏时，在手指、手腕放松的同时，指肚按孔也要严密，手指呈自然弧形，切忌瘪指；②避免闭孔不严而漏气的现象；③除了手型，口型也要自然放松，气息松缓、流畅，切忌气流过强。此过程主要是让学生通过自身实践，自己发现问题，并从教师的提示中自己解决问题，这样更容易快速掌握竖笛的吹奏，记得也更牢固。

练习吹奏 Sol、La、Si 3 个音，我设计了"发音练习"和"三音练习"。"发音练习"中，先让学生跟着我的竖笛声，哼唱曲谱，并在适当的地方加上呼吸记号。吹奏竖笛和唱谱是一样的，同样需要正确换气，因此这样设计是为了让学生通过自己熟悉的唱谱换气，找到吹奏竖笛的换气位置。此环节，能够让学生自评自身学习情况，完成自评记录单中的"我会唱"，检验自己是否能够正确视谱演唱，并在适当的地方正确换气。而后，告诉学生们单音的吹奏，可以用吐音的方式（曲谱上标识"T"吐音吹奏记号以及呼吸记号）。为了达到效果，可以在吹奏时试着发"嘟"或者"突"音，这个发音技巧可以吹出有明显开始和结束的音符。但需要注意的是，不要在演奏时，把"嘟"或"突"音发出来，这些音只是帮助掌握正确的发音技巧。"三音练习"是对 Sol、La、Si 这 3 个音吹奏的巩固，我与学生们进行合作吹奏，要求是吐奏时,音头清晰、音色明亮,且力度保持一致。通过这样的练习,既增强了师生间的互动,也让学生有一个学习参照,同时也能够让学生们熟悉左手这3个音的吹奏方法。

第二环节为练习吹奏左手 Do'、Re' 两个音,在教授吹奏指法、音孔的位置及名称之后,我设计了"发音练习"和"音阶练习"。在练习过程中,$7→\dot{1}$、$\dot{1}→7$;$7→\dot{2}$、$\dot{2}→7$ 两音连接时出现了第一孔与第二孔、第一孔与0孔和第二孔的交替开闭,这种指法现象称为"交叉指法",是运指难点之一,需要引起孩子们的重视。此环节之后,学生们就可以自评自身的学习情况了,可以完成自评记录单中的"我会奏",检验自己是否能够正确识谱吹奏,并在吹奏时准确换气。

熟悉了左手5个音的吹奏指法与方法,接下来就可以挑战自己,完成乐曲吹奏了。我选择了《粉刷匠》作为本课时的练习曲目,这首曲子主要考验的就是左手的吹奏,因此比较能够检验学生们这节课的学习掌握情况。给予学生们练习的时间,再邀请他们自信展示,同时提醒他们要注意音准和速度、节奏的准确,能够在正确的地方进行换气。对于能力稍强的孩子,可以令其自行组成合作小组,进行生生间的合作吹奏,允许他们采用自己喜欢的形式进行表演展示,但要注意情感的表达。能自信完成吹奏的学生自然也能够为自己的自评记录单中,增添"合作勋章"的标识。

本课的最后是教师的一个总结性点评与小结。

(二) 教学反思

本课时的教学目标基本都已经达成,对于左手5个音(Sol、La、Si、Do'、Re')的吹奏指法,在新授过程中还是比较容易被学生吸收掌握的,为了降低学习难度,我将5个音的学习分成了两个部分,让学生在学习过程中能够由浅入深、由易到难,有一个接受的过程,因此学习效果还较为理想。

1. 存在的问题

考虑到《标准》中提到的"演奏是进行情感表达和音乐表现、开展音乐创作与展示的重要途径"，我认为本节课还存在以下一些问题，有待改进。

（1）演奏活动的形式较为单一，未最大限度地激发学生的演奏兴趣。

（2）个别同学的演奏习惯未被时刻关注。

（3）根据评价反馈，并未及时调整自己的演奏。

（4）对于乐器演奏的技能水平和表现力，关注较多，但对于音乐情感的表达，还有待提升。

2. 改进对策

针对以上问题制定改进对策如下。

（1）尽可能地丰富演奏活动的形式，如在学生进行分组演奏表演时，可以根据音乐作品的情绪和特点，结合课堂小乐器进行适当的伴奏；也可以在能力允许的情况下，进行简单的速度及节奏等的创编。在丰富音乐表现力的同时，也激发学生的思维，提升学生的综合素养。

（2）一节课的学习"容量"并不小，学生的学习能力也有参差不同，对于学生们来说，初学一门乐器，演奏习惯非常重要。个别同学在练习过程中，容易有所"松懈"，作为教师应该时刻关注，并给予正确引导。

（3）评价反馈贯穿于整节课的学习，但对于其中出现的问题，还未做到及时地调整。当学生已经意识到问题所在时，应当及时给予时间及空间进行纠正，不然"评价反馈"即"形同虚设"。同时，还应当提醒学生，客观分析、评价自己及他人的学习情况，并根据评价反馈提高演奏技巧与表现力。

（4）可以多一些音乐作品的介绍和分析，多让学生交流自己的想法和情感，从而融入个性化的理解和创意，表现音乐的风格、特点和情感，增强乐曲的感染力。

参考文献：

［1］朱则平，课堂竖笛教学指导[J]，《乐器》1999年第6期。

第九篇　我是小小风琴迷

沈淳，上海市徐汇区汇师小学，局学科骨干，工作9年，毕业于上海师范大学音乐教育专业。

曾荣获全国中小学生艺术展演上海市活动艺术教育科研论文二等奖、上海市徐汇区见习教师规范化培训优秀学员、上海市"明强杯"中小学器乐教学录像课展演活动金奖、徐汇区中青年教师（音乐）教学评比一等奖、徐汇区小学音乐教师基本功比赛单项一等奖、全能二等奖、徐汇区"汇师杯"小学校本课程大赛综合奖、学习素养·项目化学习案例评选三等奖等。曾主持区德育百题《德育渗透小学音乐学科低年级主题综合活动实践研究》，参与中国教育学会教育科研规划课题《信息化赋能下的小学京剧进课堂实践研究》、市级课题《小学阶段京剧进课堂教学资源的开发研究》《小学阶段开展京剧进课堂研究》等研究。

第一章 导　语

演奏是发展艺术表现核心素养和其他音乐素养重要而有效的途径。巴扬手风琴作为小众乐器，正逐步出现于小学音乐课堂中，但问题也随之而来：①学校没有配套的师资条件，该如何引导学生初步学会演奏这门乐器，激发学生学习的兴趣；②现有的巴扬手风琴学材专业度较高，不适用小学阶段巴扬手风琴的启蒙学习，对实现巴扬手风琴学习造成了一定的难度。

为解决这些问题，汇师小学开展了《我是小小风琴迷》校本课程建设，以最新颁布的《义务教育艺术课程标准（2022 年版）》（以下简称《标准》）为指导思想，以核心素养内涵为导向、艺术情感表达与艺术美感展现为基础，围绕"巴扬手风琴社团建设"的实践研究进行课程开发，旨在提炼对于建设小学阶段巴扬手风琴社团行之有效的方法，激发学生艺术学习兴趣与信心，促进学生个性发展，提升艺术综合素养，达成器乐教学的美育功能，让艺术核心素养真正落地。

第二章　课程设计

一、课程框架

（一）背景分析

早在 1923 年的《新学制课程纲要初级中学音乐课程纲要》和 1932 年的《小学课程标准音乐》《初级中学音乐课程标准》中已经提出了器乐教学的要求；新中国成立、改革开放以后，伴着《九年义务教育中小学音乐教学大纲》的颁布,"器乐进课堂"正式进入了蓬勃发展阶段。

《标准》的学习任务 3"独奏与合作演奏"中提出,要"能参与各种形式的演奏活动,享受演奏的乐趣"。小学阶段是学习乐器的黄金时期。巴扬手风琴音域广、音色丰富、演奏形式多样,开展巴扬手风琴社团学习对于激发学生学习音乐的兴趣,提高对音乐的理解、表达和创造力有着十分重要的作用。

汇师小学作为上海市艺术特色学校,大部分学生具有一定的音乐学习基础。基于学校的大力支持,我校购入多台巴扬手风琴,为校巴扬手风琴社团的成立提供了重要的硬件保障;且笔者是巴扬手风琴专业的教师,之前已有开展校巴扬手风琴教学的经验,曾多次带领学生参与市、区级层面的各类比赛和演出。在招生方面,我校巴扬手风琴社团面向零器乐基础学习的学生,其目的是让更多有兴趣且喜爱巴扬手风琴的学生有机会参与到巴扬手风琴的学习中,对于推广发展校巴扬手风琴艺术文化具有一定的促进作用。

目前,我校巴扬手风琴队成立已有 7 年时间,对于巴扬手风琴这门乐器,学生们从陌生到熟悉再到喜爱。随着巴扬手风琴在我校校园内不断被普及被接受,逐步形成了浓浓的巴扬手风琴学习氛围。

(二) 课程理念

基于课程背景,现选择开发校本化巴扬手风琴课程,在中高年段实施开展校巴扬社团教学,旨在以巴扬手风琴为学习载体,创设体现年段学习阶梯性且丰富多元的形式和内容,让学生在课堂中进一步开发自身的器乐学习潜能,给予学生一个了解、认识、走进巴扬手风琴的机会,潜移默化形成对巴扬手风琴艺术的喜爱之情,充分发挥器乐学习在培育学生审美和人文素养中的重要作用。

(三) 课程目标

1. 课程总目标

围绕艺术学科的四大核心素养,结合器乐演奏享受演奏乐趣的课程理念,确立了以下4点课程总目标。

(1) 重体验,感知艺术魅力。以巴扬手风琴为学习载体,感知巴扬手风琴的丰富音色,体验巴扬手风琴的多种演奏形式,感知体验巴扬手风琴的艺术魅力,激发学习兴趣,提升学习热情,形成终身学习的兴趣。

(2) 促合作,提升艺术表现。通过亲身演绎不同风格的巴扬手风琴音乐作品,逐步掌握正确的巴扬手风琴演奏姿势、巴扬手风琴的演奏方法,在独奏、齐奏、合奏等形式的表现中,发展器乐演奏能力,切实提升音乐表现能力。

(3) 勤实践,激发创造能力。开展简单的音乐创编活动,在与伙伴合作开展指法创编、旋律创编、编配左手伴奏、多声部旋律中,初步掌握音乐创编的方法与规则,学会将个人想法转化为艺术成果,培养音乐创造能力。

(4) 悟音乐,形成正向取向。在师生合作、生生合作演奏和创作的过程中,丰富审美经历,感悟音乐作品,尊重音乐风格的多样性,领会艺术与文化之间的关系,培育文化理解的能力,形成正向的艺术价值审美取向。

2. 分年段目标

本课程在小学中高年段实施,为匹配课程总目标"审美感知""艺术表现""创意实践""人文理解"4个维度的艺术素养,在分年段目标细则中也做了具体对应。课程分年段目标见表9-1。

表 9-1 课程分年段目标

核心素养＼年级	三年级	四年级	五年级
审美感知	通过探索、体验等活动，了解巴扬手风琴的发展历史，了解巴扬手风琴的构成部分，激发学习兴趣，初步感受巴扬手风琴的魅力	弹奏课内与课外的音乐作品，做到有感情、有自信地弹奏，不断丰富审美体验，提升审美情趣	弹奏多声部音乐作品，建立多声部音响概念，进一步提升审美感知力
艺术表现	1. 在探索学习中，掌握巴扬手风琴的正确演奏姿势，学会弹奏手风琴，丰富艺术体验；2. 通过聆听感知、跟音乐伴奏、同伴合作演奏等活动中，初步学会控制风箱，掌握双手的简单配合演奏，提升音乐表现力	1. 通过巴扬手风琴弹奏练习，在探索学习中，掌握右手连跳变化的演奏方法、左手强弱变化的贝司伴奏方式，进一步提升巴扬手风琴演奏技能；2. 在个人独奏、齐奏活动中，做到有感情地弹奏，进一步提升音乐表现力	学会与伙伴合作演奏多声部旋律，做到默契配合，提升与伙伴的合作能力，提高多声部音乐作品的演奏表现力
创意实践	根据音乐作品的风格特点，选择合适的表现形式	根据音乐作品的节拍特点，创编简单的单音伴奏旋律，培育音乐创造性思维	根据音乐作品的旋律特点，选择合适的左手伴奏型，与伙伴合作演奏，发展学生的音乐创作能力
人文理解	在师生合作中，演奏不同风格的音乐作品，对巴扬手风琴的音乐作品有初步的了解	在生生合作演奏中，对巴扬手风琴的国内外音乐风格有进一步的了解，并在演奏中表达出来	在生生合作创作中，根据旋律特点，准确判断其音乐风格，进行有风格地合作演奏

（四）课程内容

《我是小小风琴迷》课程将面向三至五年级的巴扬手风琴社团，本课程共设有 5 个单元学习内容，其中囊括了国内外经典的手风琴音乐作品，以"问题链"的学习形式为基点，设置了由易到难、单元递进的巴扬手风琴练习内容以及学习活动，让学生在弹奏巴扬手风琴中享受到演奏的乐趣。课程内容框架见表 9-2。

表 9-2　课程内容框架

单　元	内容概要	目标指向	建议年段/课时
第一单元 悠悠风琴史	问题 1：手风琴属于哪类乐器？ 1. 感知音色特点； 2. 掌握背琴姿势	目标 1 目标 2	三年级 2 课时
	问题 2：手风琴如何发声？ 1. 了解发声原理； 2. 掌握背琴姿势； 3. 运用风箱方法	目标 1 目标 2	
第二单元 弹弹我的 小键钮	问题 1：琴键中的 Do、Mi、Sol 在哪里呢？ 1. 学会弹奏键钮中的 Do、Mi、Sol； 2. 学会全音符节奏弹奏	目标 1 目标 2	三年级 6 课时
	问题 2：如何让 Do、Mi、Sol 跳跃起来呢？ 1. 学会手腕运用； 2. 学用手腕弹奏跳音	目标 1 目标 2	
	问题 3：Do~Do′之间的上下邻居好伙伴在哪里？ 1. 学弹 Do~Do′音阶； 2. 学会弹奏连跳音	目标 1 目标 2	
第三单元 奏奏我的 小贝司	问题 1：哪种节奏型适合表现圆舞曲？ 1. 学弹左手 Do~Re 的基本低音和大和弦； 2. 学会有强弱变化地弹奏	目标 2 目标 3	三年级 3 课时
	问题 2：哪种节奏型适合表现进行曲？ 1. 学弹左手 La~Mi 的基本低音和大和弦； 2. 掌握左手的五度排列规律	目标 2 目标 3	
	问题 3：琴键上如何组成出一个三角贝司呢？ 1. 学弹左手三角贝司； 2. 学会跳跃触键	目标 2 目标 3	
第四单元 弹起我的 手风琴	问题 1：双手跷跷板如何一对一来演奏？ 1. 学会双手一对一演奏； 2. 学会风箱两小节开关	目标 2 目标 3 目标 4	三、四年级 15 课时

续表

单元	内容概要	目标指向	建议年段/课时
第四单元 弹起我的 手风琴	问题2：双手跷跷板如何一对二来演奏？ 1. 学会双手一对二演奏； 2. 学会风箱4小节开关； 3. 合作开展单声部旋律创编	目标2 目标3 目标4	三、四年级 15课时
	问题3：双手跷跷板如何一对四来演奏？ 1. 学会双手一对四演奏； 2. 学会弱起节奏中的风箱开关； 3. 学会单声部旋律创编	目标2 目标3 目标4	
第五单元 经典我演绎	问题1：如何与伙伴开展二声部单手合作演奏？ 1. 学会二声部单手合作演奏； 2. 学看教师的指挥手势	目标2 目标3 目标4	四、五年级 10课时
	问题2：如何与伙伴开展双手二声部合作演奏？ 1. 学会左手伴奏型配对； 2. 学会二声部双手合作演奏； 3. 学看教师的指挥手势	目标2 目标3 目标4	
	问题3：如何与其他乐器合作开展多声部演奏？ 1. 学会多声部合作演奏； 2. 巴扬手风琴社团表演	目标2 目标3 目标4	

课程各单元内容结构分别如图9-1至图9-5所示。

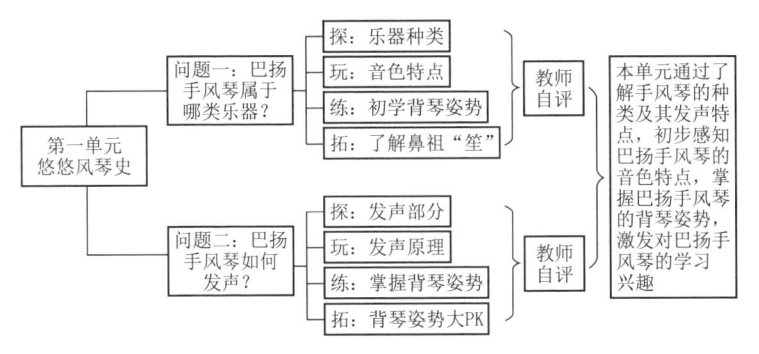

图9-1 课程第一单元内容结构

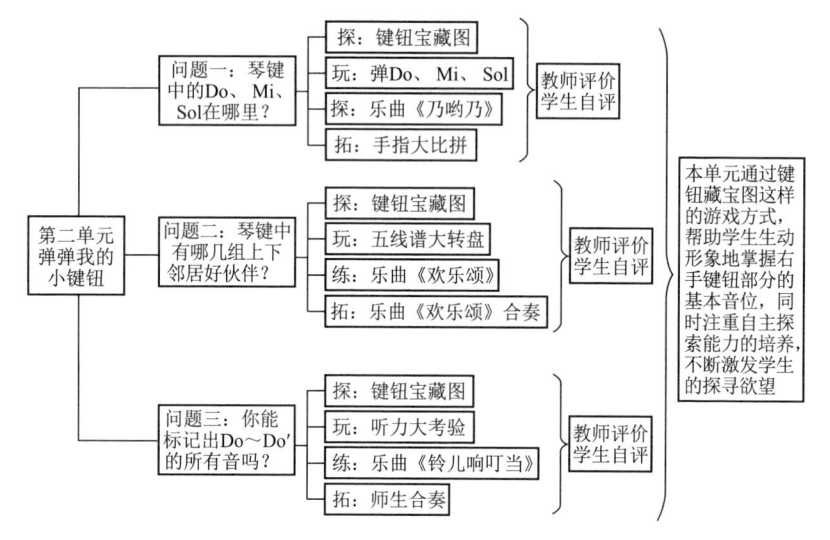

图 9-2 课程第二单元内容结构

第二单元 弹弹我的小键钮

- 问题一：琴键中的 Do、Mi、Sol 在哪里？
  - 探：键钮宝藏图
  - 玩：弹 Do、Mi、Sol
  - 探：乐曲《乃哟乃》
  - 拓：手指大比拼
  - 教师评价 学生自评

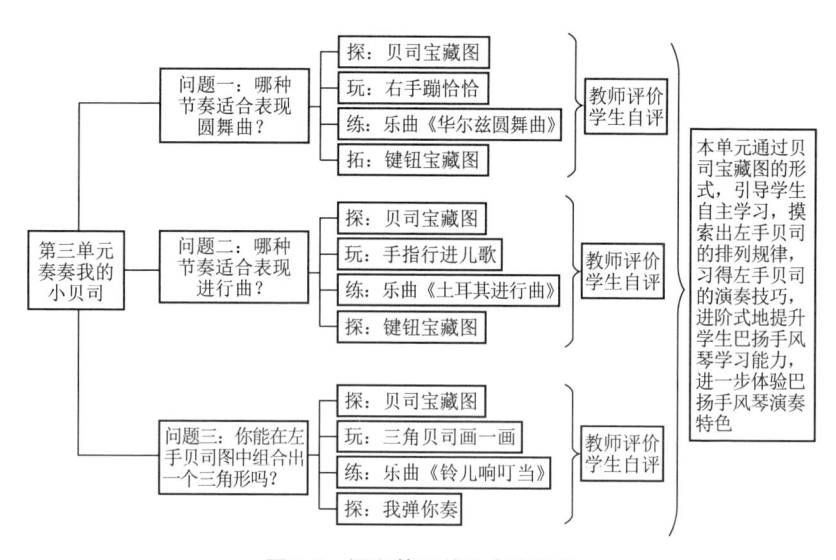

- 问题二：琴键中有哪几组上下邻居好伙伴？
  - 探：键钮宝藏图
  - 玩：五线谱大转盘
  - 练：乐曲《欢乐颂》
  - 拓：乐曲《欢乐颂》合奏
  - 教师评价 学生自评

- 问题三：你能标记出 Do～Do′ 的所有音吗？
  - 探：键钮宝藏图
  - 玩：听力大考验
  - 练：乐曲《铃儿响叮当》
  - 拓：师生合奏
  - 教师评价 学生自评

本单元通过键钮宝藏图这样的游戏方式，帮助学生生动形象地掌握右手键钮部分的基本音位，同时注重自主探索能力的培养，不断激发学生的探寻欲望。

图 9-3 课程第三单元内容结构

第三单元 奏奏我的小贝司

- 问题一：哪种节奏适合表现圆舞曲？
  - 探：贝司宝藏图
  - 玩：右手蹦恰恰
  - 练：乐曲《华尔兹圆舞曲》
  - 拓：键钮宝藏图
  - 教师评价 学生自评

- 问题二：哪种节奏适合表现进行曲？
  - 探：贝司宝藏图
  - 玩：手指行进儿歌
  - 练：乐曲《土耳其进行曲》
  - 探：键钮宝藏图
  - 教师评价 学生自评

- 问题三：你能在左手贝司图中组合出一个三角形吗？
  - 探：贝司宝藏图
  - 玩：三角贝司画一画
  - 练：乐曲《铃儿响叮当》
  - 探：我弹你奏
  - 教师评价 学生自评

本单元通过贝司宝藏图的形式，引导学生自主学习，摸索出左手贝司的排列规律，习得左手贝司的演奏技巧，进阶式地提升学生巴扬手风琴学习能力，进一步体验巴扬手风琴演奏特色。

第九篇　我是小小风琴迷　　229

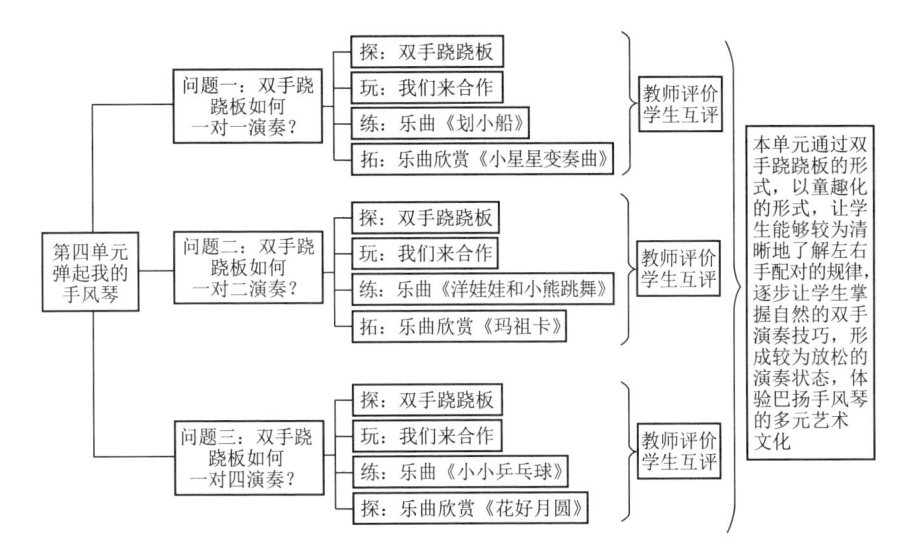

第四单元 弹起我的手风琴
- 问题一：双手跷跷板如何一对一演奏？
  - 探：双手跷跷板
  - 玩：我们来合作
  - 练：乐曲《划小船》
  - 拓：乐曲欣赏《小星星变奏曲》
  - 教师评价 学生互评
- 问题二：双手跷跷板如何一对二演奏？
  - 探：双手跷跷板
  - 玩：我们来合作
  - 练：乐曲《洋娃娃和小熊跳舞》
  - 拓：乐曲欣赏《玛祖卡》
  - 教师评价 学生互评
- 问题三：双手跷跷板如何一对四演奏？
  - 探：双手跷跷板
  - 玩：我们来合作
  - 练：乐曲《小小乒乓球》
  - 探：乐曲欣赏《花好月圆》
  - 教师评价 学生互评

本单元通过双手跷跷板的形式，以童趣化的形式，让学生能够较为清晰地了解左右手配对的规律，逐步让学生掌握自然的双手演奏技巧，形成较为放松的演奏状态，体验巴扬手风琴的多元艺术文化

图 9-4　课程第四单元内容结构

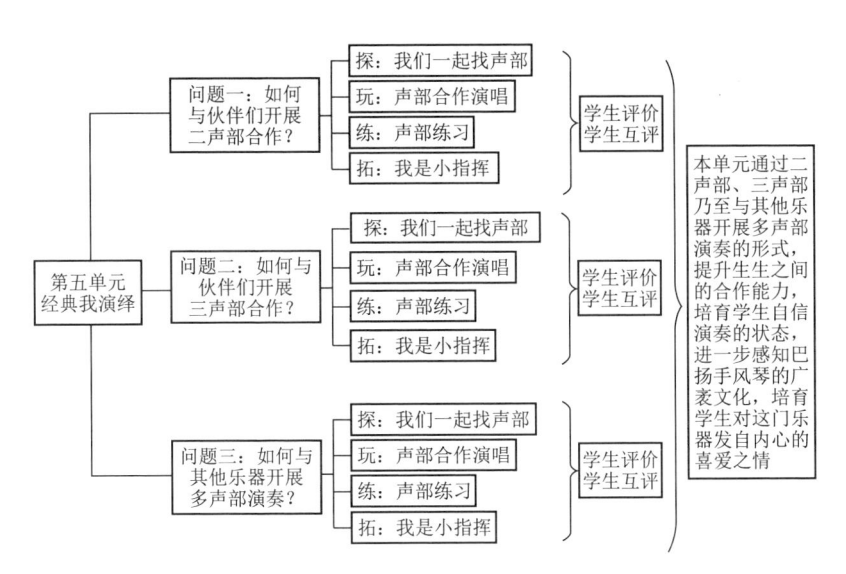

第五单元 经典我演绎
- 问题一：如何与伙伴们开展二声部合作？
  - 探：我们一起找声部
  - 玩：声部合作演唱
  - 练：声部练习
  - 拓：我是小指挥
  - 学生评价 学生互评
- 问题二：如何与伙伴们开展三声部合作？
  - 探：我们一起找声部
  - 玩：声部合作演唱
  - 练：声部练习
  - 拓：我是小指挥
  - 学生评价 学生互评
- 问题三：如何与其他乐器开展多声部演奏？
  - 探：我们一起找声部
  - 玩：声部合作演唱
  - 练：声部练习
  - 拓：我是小指挥
  - 学生评价 学生互评

本单元通过二声部、三声部乃至与其他乐器开展多声部演奏的形式，提升生生之间的合作能力，培育学生自信演奏的状态，进一步感知巴扬手风琴的广袤文化，培育学生对这门乐器发自内心的喜爱之情

图 9-5　课程第五单元内容结构

(五)学业质量评估标准

1. 评价内容概述

本课程评价不仅聚焦于学生学习成果的评价,同时也关注学生参与学习经历中的过程性评价。在测评学生巴扬手风琴演奏技能提升的同时,也注重学生参与巴扬手风琴社团的积极性,是否对巴扬手风琴学习有浓厚的兴趣、认真的态度,并学会与教师、伙伴默契合作。由此,达成享受演奏乐趣的学习目的。

2. 评价形式

(1)单元评价表。结合每一单元的学习主题与要求,结合学生实际参与情况,以学生自评、生生互评、教师评价的形式,生成单元评价。第二单元单元评价表样例如图9-6所示。

	 🎵	 🎵🎵	 🎵🎵🎵	所得  🎵
审美感知 (自评)	能在教师的指导下,找到键钮中的Do、Mi、Sol,初步感知巴扬手风琴的音色魅力	能在伙伴的帮助下,找到键钮中的Do、Mi、Sol,进一步感知巴扬手风琴的音色魅力	能自主找到键钮中的Do、Mi、Sol,深入感知巴扬手风琴的音色魅力	
艺术表现 (师评)	能在教师的指导下,完成独奏、合作演奏	能与教师、伙伴合作,完成独奏、合作演奏	能与教师、伙伴合作,有感情地完成独奏、合作演奏	
创意实践 (互评)	能在教师的指导下,完成指法编写	能在伙伴的帮助下,完成指法编写	能独立思考,完成指法编写	
人文理解 (师评)	能初步感受民族音乐文化与西洋乐器之间的关联	能对民族音乐文化与西洋乐器之间的关联产生兴趣	能主动探索民族音乐文化与西洋乐器之间的关联	

本单元中,我共获得10~12个🎵:太厉害啦!(　　　)

　　　　我共获得7~9个🎵:真不错!(　　　)

　　　　我共获得0~6个🎵:继续加油哦!(　　　)

图9-6　第二单元单元评价表样例

（2）成长档案袋。成长档案袋记录的是学生通过每一阶段的学习过程，随着学习进程的不断深入，学生将逐级达成阶段性学习目标与最终学习目标，实现个人在巴扬手风琴学习中的成长。根据艺术学科四大核心素养所制定的三至五年级评价量表见表 9-3，可供教师、学生检测阶段学习成果。

表 9-3 三至五年级评价量表

维度	学习结果	三年级	四年级	五年级
审美感知	感知巴扬手风琴的多元音色及其演奏特点，形成对巴扬手风琴的喜爱之情	学生能初步感知巴扬手风琴的多元音色，对巴扬手风琴具有一定的了解	学生能进一步了解巴扬手风琴的多元音色，对巴扬手风琴产生一定的喜爱之情	学生能充分了解巴扬手风琴的演奏特点，对巴扬产生浓厚的喜爱之情
艺术表现	正确掌握演奏方式，合理表现	学生能掌握单手演奏方式	学生能初步掌握双手演奏方式	学生能进一步掌握双手演奏方式
	掌握多种演奏方式，学会与他人齐（合）奏	学生只能掌握一种演奏方式或没有	学生能掌握一到两种演奏方式	学生能掌握两种及以上演奏方式
创意实践	开展指法创编、旋律创编、编配左手伴奏、多声部旋律创作	学生只能开展指法创编或没有	学生能开展指法创编、旋律创编	学生能开展指法创编、旋律创编、编配左手伴奏或多声部旋律创作
人文理解	理解多元音乐文化，发展广泛的音乐品位	学生只能理解一点点或没有	学生能理解一到两种音乐文化风格	学生能理解两种及以上音乐文化风格

（3）期末音乐会。每学期期末，3 个年级合奏完成一场主题音乐会。演奏形式包括独奏、齐奏、合奏等形式。根据其演奏打卡情况及舞台表现，由教师与学员评选出"小小演奏家"荣誉称号的社团成员。

二、课程样张

《标准》中提出课程资源的开发与利用，要坚持育人为本，以促进学生身心健康发展为首要任务,从促进学生核心素养形成和发展的内在规律出发,为教育学提供有效的支撑。《我是小小风琴迷》的课程作为巴扬手风琴的教学资源设计,以问题链的形式为学习线索,基于课程总目标与教学单元框架内容,依据三至五年级学生的年龄特点与认知特点,选取教材内合适的音乐作品,并补充课外优秀的巴扬手风琴作品,适切融入信息技术资源,包含谱例资源、影音资源、活动设计等。不仅可供我校巴扬手风琴社团使用,也可供其他学校巴扬手风琴社团使用。

(一) 版面设计

《我是小小风琴迷》的版面设计主要以"探""玩""练""拓"四大部分组成,分别对应课程样张中的"问题放大镜""音乐宝盒秀""开心来奏乐""眼界大打开"。整份课程以我校吉祥物"雅雅"为原型,经过后期设计,化身成为背着手风琴的"雅雅",让学生在学习之余更有亲切感。借助图文结合的形式,以更加生动形象的形式呈现课程所学,有效激发学生的学习欲望和兴趣,提升学生的学习效率。"眼界大打开""开心来奏乐"课程样张分别如图 9-7 和图 9-8 所示。

图 9-7 "眼界大打开"课程样张

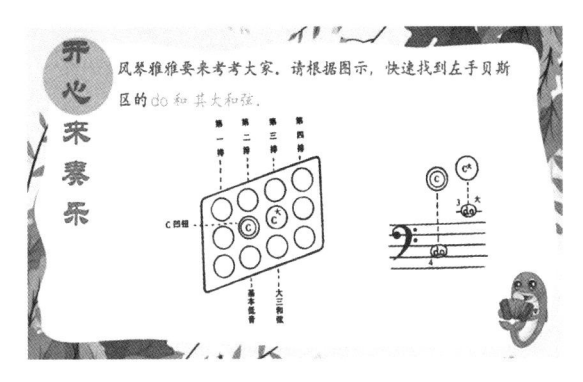

图 9-8 "开心来奏乐"课程样张

(二)呈现形式

课程样张以纸质版与电子版相结合的方式,通过合理运用信息技术,辅助学生趣味化地学习。课程样张中的二维码如图 9-9 所示,这种自行扫码的方式有助于学生根据自身学习情况,开展个性化学习,让学习随时随地发生,激发学生的学习参与热情。

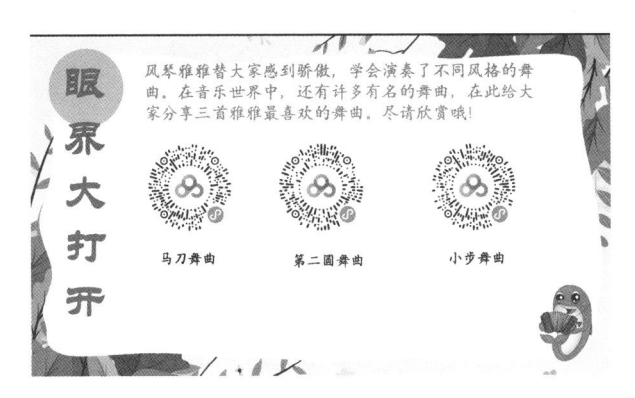

图 9-9 课程样张中的二维码

(三)教学资源

"音乐宝盒秀"课程样张中所选择的曲目都适合小学阶段零基础

的学生来学习，如图9-10所示，其中既有源自教材中的音乐作品，又有来自教材外的一些优秀手风琴作品。整个课程从单声部的练习到二声部的练习，再到多声部的练习，有助于学生在习得演奏技能的过程中，进一步拓宽学生的艺术视野，丰富学生的艺术审美，提升学生的艺术感知力。

图 9-10 "音乐宝盒秀"课程样张

（四）评价形式呈现

在评价形式的呈现中，不只是关注评价结果的准确、公正，更为重要的是强调评价结果的反馈以及被评价者对评价结果的认同和对原有状态的改进。评价结果的呈现聚焦艺术学科四大核心素养，关注学生已有的学业水平和提升空间，真正实现核心素养的达成。单元评价表样例如图9-11所示。

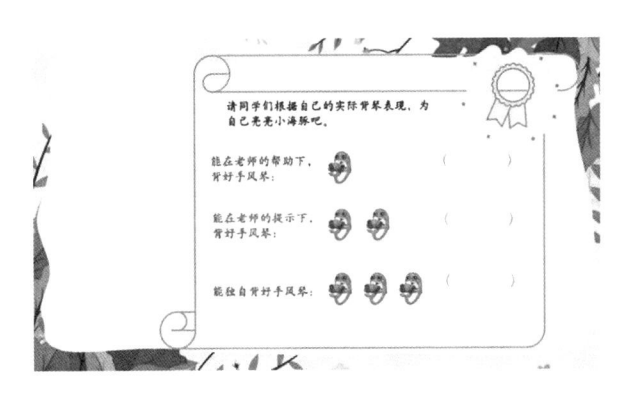

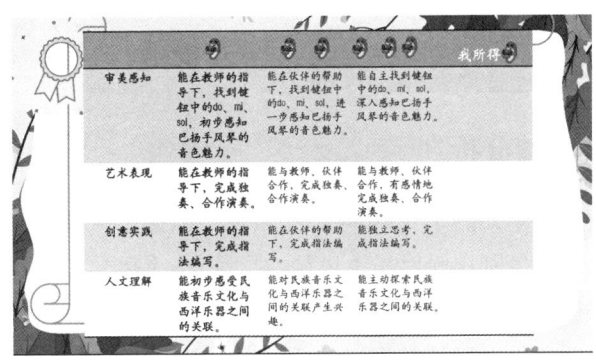

图9-11 单元评价表样例

第三章 单元实施方案

单元教学聚焦艺术学科核心素养，在课标分解、学情分析的基础上，以学生为中心，以课程总目标和年级分目标为统领，设计问题链的形式开展学习活动设计。在上述章节中,整个课程框架已初具雏形。下面将基于整体课程框架进行各个单元的实施方案制定。

《我是小小风琴迷》校本课程共设有5个单元教学的学习内容,分别为"巴扬手风琴历史""左右手分手练习""双手合作练习""经典作品"及"多声部合奏作品",内容层层递进。问题链设计强调"审美感知"和"艺术表现",凸显"创意实践",在潜移默化中生成"文化理解"。以下呈现本课程第二单元《弹弹我的小键钮》的具体实施方案。

一、单元教学内容

(1) 学弹 Do~Do′音阶。

(2) 学会跳音弹奏。

(3) 学会连音弹奏。

二、单元学情分析

通过第一单元的学习,学生已经掌握了巴扬手风琴风箱的运用。由于三年级学生刚接触巴扬手风琴,对于巴扬手风琴还未完全熟悉。而巴扬手风琴的右手键钮部分也是学习中最重要的部分。所以,本单元将帮助学生更好地掌握巴扬手风琴的键钮部分,演绎出动听的变化旋律,进一步提升对于巴扬手风琴的演奏技巧,提升对巴扬手风琴的喜爱之情。

三、单元教学目标

(1) 通过探索活动,感知巴扬手风琴音色特点,找到键钮部分中的 Do~Do′音阶,激发学习兴趣。

(2) 通过弹奏右手单声部旋律,掌握跳音、连音、连跳音的演奏

第九篇　我是小小风琴迷　　237

方法,切实提升演奏能力。

（3）运用所学的指法,进行合理的指法创编,培育一定的创编能力。

（4）在师生合作、生生合作中,丰富审美经历,感悟音乐作品,尊重音乐风格的多样性。

四、单元实施安排

本单元以学习右手键钮弹奏为主线,在"探""玩""练""拓"的过程中,循序渐进地达成单元教学目标,让学生在参与单元学习的过程中,能够逐步实现自我审美感知、艺术表现、创意实践与人文理解的发展与提升。具体单元实施安排见表9-4。

表 9-4　单元实施安排

学习任务	学习内容				建议课时
	探	玩	练	拓	
探索活动1 找到键钮中的 Do、Mi、Sol	了解巴扬手风琴键钮中的 Do、Mi、Sol	在键钮图谱中标记处 Do、Mi、Sol	根据指法提示和风箱开关记号,准确演奏土家族民歌《乃哟乃》	运用所学的指法与风箱开关记号,根据旋律特点,正确编写 Do～Sol 的指法	2
探索活动2 找到琴键中的 三组上下相邻音的位置	思考如何演奏出连音	五线谱大转盘:认识五线谱对应琴键上音的位置	弹奏《欢乐颂》旋律,掌握连音演奏技巧	运用已学的连音演奏方式,演奏《铃儿响叮当》二声部	2
探索活动3 找到 Do～Do′ 中的所有音	思考如何演奏出跳音	听力大考验:根据音频提示,将连音或跳音记号填入括号内	弹奏《铃儿响叮当》旋律,掌握跳音演奏技巧	跟老师合作,完成乐曲《铃儿响叮当》的合作演奏	2

五、单元评价

单元评价维度表见表 9-5。

表 9-5　单元评价维度表

				我所得
审美感知（师评）	能在教师的指导下，找到键钮中的 Do~Do′ 的位置，初步感知巴扬手风琴的音色魅力	能在伙伴的帮助下，找到键钮中的 Do~Do′ 的位置，进一步感知巴扬手风琴的音色魅力	能自主找到键钮中的 Do~Do′ 的位置，深入感知巴扬手风琴的音色魅力	
艺术表现（师评）	能在教师的指导下，完成独奏、合作演奏	能与教师、伙伴合作，完成独奏、合作演奏	能与教师、伙伴合作，有感情地完成独奏、合作演奏	
创意实践（　）	能在教师的指导下，完成指法编写	能在伙伴的帮助下，完成指法编写	能独立思考，完成指法编写	
人文理解	能初步感受民族音乐文化与西洋乐器之间的关联	能对民族音乐文化与西洋乐器之间的关联产生兴趣	能主动探索民族音乐文化与西洋乐器之间的关联	

本单元中，我共获得 10~12 个 　：太厉害啦！（　　）

　　　　　我共获得 7~9 个 　：真不错！（　　）

　　　　　我共获得 0~6 个 　：继续加油哦！（　　）

第四章　课堂实践案例

一、教学设计

【课题】

《弹奏 Do、Mi、Sol》。

【课时】

1课时。

【教学内容】

（1）学习弹奏 Do、Mi、Sol。

（2）乐曲《乃哟乃》齐奏与合奏。

【教学目标】

（1）通过键钮宝藏图的环节，自主弹奏巴扬手风琴，在亲身体验中感知巴扬手风琴的音色特点，建立对巴扬手风琴这门乐器的了解，激发学习兴趣。

（2）通过自主弹奏听辨，找到键钮部分的 Do、Mi、Sol，做到指法正确、节奏准确地弹奏旋律，在生生合作中，培育与他人合作的意识，提升演奏能力、合作能力。

（3）在独奏、合作演奏中，初步感知体验巴扬手风琴的多元演奏形式，进一步感知巴扬手风琴的独特艺术魅力，初步享受器乐演奏的乐趣。

【教学重点】

准确找到键钮中的 Do、Mi、Sol。

【教学难点】

创编正确指法，用跳跃演奏的状态，弹奏乐曲《乃哟乃》。

【育人立意】

在师生合作、生生合作的演奏过程中，享受合作演奏的乐趣。

【评价环节与要求】

评价环节与要求见表 9-6。

表 9-6 评价环节与要求

评价环节与内容	评价要点	评价形式	目标指向
环节一： 听辨 Do、Mi、Sol	能否准确听辨 Do、Mi、Sol	教师评价	目标 1
环节二： 学习 Do、Mi、Sol	能否通过听辨，自主找到键钮中的 Do、Mi、Sol，并能准确弹奏节奏练习	教师评价	目标 2、3
环节三： 弹奏 Do、Mi、Sol	能否编配正确指法，用跳跃的触键，与伙伴合作，弹奏土家族民歌《乃哟乃》	教师评价 生生互评	目标 2、3

【教学过程】

(一) 课堂导入

(1) 师生问好。

(2) 教师弹奏巴扬手风琴，学生参与听辨游戏(Do、Mi、Sol)。

导入语：在今天的课堂中，沈老师要来考考大家的小耳朵，请根据听到的音高用音符手势来表现。

教学说明

学习要点：通过听辨，自主找到键钮中的 Do、Mi、Sol，并能准确弹奏节奏练习。

设计意图：以键钮藏宝图的形式，激发学生的主观学习意愿。通过弹奏听辨，找到对应的琴键位置。并借由不同音符节奏的练习，帮助学生进一步巩固复习 3 个音所在的位置，初步培养学生的演奏技能。

评价方式：教师评价

评价要点：是否能够通过听辨，自主找到键钮中的 Do、Mi、Sol，并能准确弹奏节奏练习。

(二) 学习 Do、Mi、Sol

1. 弹奏听辨

出示如图 9-12 所示的"问题放大镜"课程样张,要求学生结合其上的键钮宝藏图弹奏听辨。

图 9-12 "问题放大镜"课程样张

关键设问:同学们的小耳朵可真灵敏。下面,就请大家根据右手键钮的宝藏图,根据所给提示,自己弹一弹、找一找,Do、Mi、Sol 分别在哪里?并请你填入对应的键钮中。

2. 填写答案

指导学生交流之后完成填写。

3. 寻找规律

指导学生寻找 Do、Mi、Sol 的排列规律,排列规律:键钮中,Mi 和 Sol 是一组上下邻居。

4. 自主练习

出示全音符、二分音符、四分音符练习,根据所给指法,自主练习。

演奏提示:根据节奏长短变化,演奏时手指弹奏频率也会发生变化。

5. 演奏展示

(1) 学生个别展示。

(2) 跟钢琴,师生合作演奏。

6. 评价环节

评价方式为教师评价。

评价要点:是否能够通过听辨,自主找到键钮中的 Do、Mi、Sol,并能准确弹奏节奏练习。

教学说明

学习要点:通过听辨,自主找到键钮中的 Do、Mi、Sol,并能准确弹奏节奏练习。

设计意图:以键钮藏宝图的形式激发学生的主观学习意愿。通过弹奏听辨,找到对应的琴键位置。并借由不同音符节奏的练习,帮助学生进一步巩固复习3个音所在的位置,初步培养学生的演奏技能。

(三) 弹奏 Do、Mi、Sol

1. 复习演唱

出示《乃哟乃》旋律,学生复习演唱。

衔接语:别小看 Do、Mi、Sol 这3个音,它们一经组合,也能变成一条十分动听的旋律。你们看,这首乐曲你们熟悉吗?

对啦,就是我们曾学过的土家族民歌《乃哟乃》,让我们跟着轻快的音乐,一起再来唱一唱吧。

2. 自主练习

创编指法,指导学生有节奏地自主练习。《乃哟乃》曲谱如图 9-13 所示。

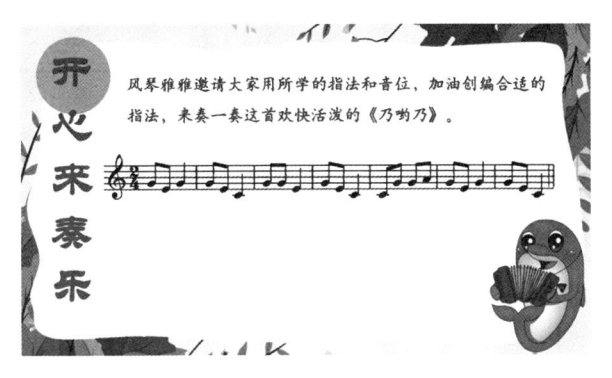

图 9-13 《乃哟乃》曲谱

3. 学习跳音触键演奏

教师讲解跳音触键演奏旋律。

演奏提示:手腕放松,好像指尖在琴键上跳舞。

4. 集体演奏

(1) 出示二声部旋律,生生合作练习。

(2) 二声部合作演奏。

5. 评价环节

评价方式为教师评价、生生互评。

评价要点:是否能够编配正确指法,用跳跃的触键,与伙伴合作,弹奏土家族民歌《乃哟乃》。

教学说明

学习要点:运用编配指法,用跳跃的触键,与伙伴合作,弹奏土家族民歌《乃哟乃》。

设计意图:通过弹奏土家族民歌《乃哟乃》,帮助学生更好地掌握 Do、Mi、Sol 3 个音所在位置、跳音的弹奏方法。同时,在弹奏的过程中,以二声部合作弹奏的形式,培养学生合作演奏能力,提升学生演奏表现力。

(四) 课堂小结

师:在今天的课堂中,我们不仅用自己灵敏的小耳朵找到了右手键钮部分的 Do、Mi、Sol,同时还以合作的方式演绎了土家族民歌《乃哟乃》,真棒!期待我们下次的继续合作哦!

【教学流程图】

教学流程图如图 9-14 所示。

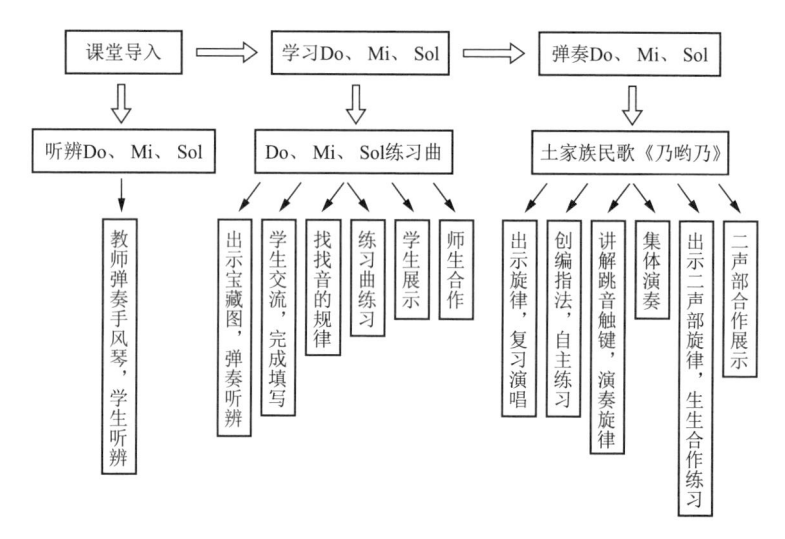

```
课堂导入 ⟹ 学习 Do、Mi、Sol ⟹ 弹奏 Do、Mi、Sol
   ⇓              ⇓                    ⇓
听辨 Do、Mi、Sol   Do、Mi、Sol 练习曲    土家族民歌《乃哟乃》
   ↓         ↓   ↓   ↓   ↓      ↓    ↓    ↓    ↓    ↓
教师弹奏手风琴,学生听辨 | 出示宝藏图,弹奏听辨 | 学生交流,完成填写 | 找找音的规律 | 练习曲练习 | 学生展示 | 师生合作 | 出示旋律,复习演唱 | 创编指法,演奏旋律 | 讲解跳音触键,演奏旋律 | 集体演奏 | 出示二声部旋律,生生合作练习 | 二声部合作展示
```

图 9-14 教学流程图

二、教学案例及反思

(一) 主要教学环节及策略

基于《标准》的理念与目标,本课《弹奏 Do、Mi、Sol》主要运用了以下 3 个教学策略。

1. 活动设计趣味化,乐于参与兴趣高

《标准》中提出:"要遵循艺术学习规律,体现学生身心发展阶段性、连续性的特点。(三至七年级)以音乐和美术为主,有机融入姐妹艺术,为学生掌握较为全面的艺术基础知识和基本技能奠定基础。"巴扬手风琴的右手键钮排列虽有规律,但对于巴扬手风琴零基础的学生来说仍旧存在学习难度。在巴扬手风琴的学习过程中,教师希望能从学生的实际学习兴趣出发,通过设计具有趣味化的活动,吸引学生主动参与到学习活动中,激发学生参与学习活动的热情。本案例中,执教师以键钮藏宝图的形式,出示巴扬手风琴的右手键钮排列图,借助形象生动的图示,鼓励学生从自主弹奏键钮、听辨声音高低,确定 Do、Mi、Sol 的位置,并标记于键钮藏宝图中。这样的学习环节设计,让学生真正感受到自己作为学习主体的地位,主动参与到学习活动中。

2. 丰富学习体验,激发文化自信

音乐学科学段目标中提出,第二学段(三至五年级)应能够自信、自然地进行各种艺术实践活动。可见课堂学习的终极目标不仅仅是让学生能够掌握巴扬手风琴的演奏技巧,更是要培养学生自信、自然演奏的一种状态。从 Do、Mi、Sol 的位置确认,到全音符练习,再到二分音符练习、四分音符练习,教学内容在层层递进。这样的设计有助于学生掌握规范的触键姿势,能用准确的指法有节奏地演奏旋律。初步掌握演奏技巧后,再适切融入土家族民歌《乃哟乃》的旋律,该旋律以 Do、Mi、Sol 3 个音组成,以八分音符和四分音符为主。《乃哟乃》的演奏,在继续提高学生演奏技能的同时,也让学生在丰富的学习体验中,感受中华优秀民族音乐文化的浸润,激发学生的文化自信感。

3. 关注生生合作演奏,体验合作乐趣

随着教育的不断发展,人们愈发关注学习过程中合作意识的培养。2001 年,教育部颁布的纲领性文件《基础教育课程改革纲要(试行)》倡导"自主、合作、探究"的学习方式。当课堂的学习方式发生更新迭代，对于社团学习课堂亦是如此。在社团学习中，学生的独立演奏能力固然重要，但生生之间的合作演奏更不容忽视。为了让社团学生尽快适应合作演奏的状态，当学生学会弹奏土家族民歌《乃哟乃》之后，可引导他们两两组合，合作演奏两声部版的《乃哟乃》，初步体验合作的愉快、感受合作的乐趣。

（二）教学反思

1. 实际效果及归因分析

在实际执教过程中，本课《弹奏 Do、Mi、Sol》基本能够达到预设的教学目标。但在教学进程中，也发现存在以下些许问题。

（1）呈现效果薄弱。巴扬手风琴是一种演奏形式多样的乐器，但在课堂学习过程中，无论是旋律练习还是民歌弹奏都只是以弹奏巴扬手风琴作为呈现。中国的民族音乐虽然能通过转换巴扬手风琴的音色来进行模拟，但是在整体效果呈现上会略有薄弱。

（2）融合性不够。在学习弹奏四分音符和乐曲《乃哟乃》的过程中，强调的是演奏中跳音的奏法。一般来说，学奏跳音从放松、灵活运用手腕开始。手腕放松，出来的声音效果就是松弛的。在课堂中，教师请学生将手轻放于桌面，感受拍皮球时的手腕放松状态，此时学生能够比较自如地运用手腕，但到了弹琴演奏的阶段，跳音的松弛感表现依旧有所欠缺。

2. 改进对策

（1）信息技术辅助，加强呈现效果。随着现代教育的不断发展，学生信息素养的不断提升，在越来越多的课堂中融入了信息技术。本人认为，这样的学习方式同样也可以沿用至器乐课堂，如运用 iOS 系统中的库乐队软件，根据《乃哟乃》轻快跳跃的旋律特点，选择合适的民族打击乐器，在巴扬手风琴与民族打击乐的合作演奏中，充分调动学生的多种感官，加强作品的呈现效果，增强对民族音乐文化的体验与理解。

（2）运用学科融合,"技""艺"相融。器乐演奏与舞蹈同属艺术门类。在学奏跳音的过程中,除了手指平放桌上,感受跳音的演奏状态,还可以加入舞步,以欢快舞步的方式,让学生在亲身感受中进一步亲历跳音的演奏特点,从而在跳音演奏中达到事半功倍的效果,实现"技""艺"相融。

尾记　项目转化教师培训课程，落实"教、研、训"一体化

张莉珉

工作室中开展"小学音乐学科固定音高乐器特色课程的研发与建设"项目研究，整个项目分为课程项目总体设计、特色课程开发及课程转化为教师培训课程3个板块，体现了"教研训"一体化的项目研究。

历经两年，工作室学员基于总项目，完成9个特色课程开发与研究，分别为《欢乐口风琴》《多彩口风琴》《小鲤唱游口风琴》《灵音风传》《陶园口风琴》《笛声欢唱》《趣味竖笛伴我成长》《竖笛吹吹乐》《我是小小风琴迷》。进而将课程开发与实践经验转化为教师培训课程，形成区域培训课程《新课标视域下小学音乐课堂器乐教学策略与案例解析》。

此教师培训课程，通过了解器乐进课堂体系化的教学方法、策略及模式；运用课堂典型示例，实践通过器乐进课堂培育学生综合音乐素养；将学习器乐的教学策略与方法有效运用到课堂教学中，给广大的教师以借鉴和迁移的作用，为落实核心素养提供经验，还可提升广大教师对新课标理念的进一步理解，以便更好地掌握课堂器乐教学策略与方法。

课程设计具体内容见附表1，课程实施过程见附表2。

附表1　课程设计具体内容

课程名称		新课标视域下小学音乐课堂器乐教学策略与案例解析		
课程申请单位		徐汇区教育系第六期名师工作室 邰方、张莉珉(小学音乐)名师工作室		
课程学科		音乐		
课程学段		小学一至五年级		
课程模块		□师德与素养	☑知识与技能	
课程标签	必选项 (八选一)	□学生生涯指导与心理辅导能力　□家庭教育指导能力 □学科素养　☑课堂教学能力　□作业设计与命题能力 □跨学科教学能力　□信息技术应用能力　□其他		
课程呈现形态		☑在线课程　□面授课程　□混合型课程		
课时		在线：__15__ 课时；面授：__0__ 课时 (混合型课程请标注面授与在线部分的课时) (师德与素养:5～10课时;知识与技能:5～20课时)	学分	1.5 (1学分 = 10课时)
课程概要	课程开发背景	指出课程旨在解决的关键问题、背景 　　目前,不少音乐教师都忽略了器乐进课堂辅助课堂教学的实际意义,认为只要课堂中让学生欣赏好、演唱好音乐作品即可,忽略了器乐进课堂对学生音乐学科核心素养培育的重要性。 　　在《义务教育艺术课程标准(2022年版)》的引领下,在核心素养的要求下,课堂器乐教学的研究需求持续呼唤着迭代更新的新型策略。通过基于核心素养培育的课堂案例剖析,促进器乐教学策略与方法的实践研究,从而实现从知识本位转型素养本位,开启教师新的学习观念。 　　本课程主讲人自2002年起研究课堂键盘乐器在教学中的运用策略,至今已形成学科组教学特色,且编写出版了相关书籍,课程研发团队以该项目作为主要研修项目,已积累相关校本课程、课例实践等,使课程开发有了良好的基础。		
	课程目标	指出通过本课程的学习,学习者能够达成的目标 1. 了解器乐进课堂体系化的教学方法、策略及模式。 2. 运用课堂典型示例,实践通过器乐进课堂培育学生综合音乐素养。 3. 通过学习器乐教学策略与方法,有效运用到课堂教学中,给广大的学员以借鉴和迁移的作用,为落实核心素养提供经验。		

续表

课程概要	课程内容	包含学情分析、学习对象和学段、学习内容、培训形式、学习要求及评价等 　　本课程面向小学阶段一至五年级的全体音乐教师,在新艺术课标的新理念和新要求之下,构建课堂器乐教学、器乐教学与歌唱教学、与欣赏教学等相结合的教学模式,通过以学科核心素养为导向的乐器课堂案例,让教师学会普遍的、系统的教学策略与方法,能在课堂中进行运用迁移。利用网络培训,课例观测,结合形成性与结果性的评价方式完成15课时的学习。
	课程简介	简短精炼,用于学习平台、宣传手册 　　本课程适用于小学阶段的音乐教师实践于课堂器乐教学,将围绕着多个典型的实施案例,向教师群体呈现示范性、典型性、研究性的课程内容。通过本课程教师可以了解普遍的、系统的器乐教学策略与方法,引领教师探索以学科核心素养为指引的课堂器乐教学实践与路径。
课程内容架构与教学实施设计		呈现课程的内容3级课程结构,(如章—节—目),并呈现与内容相应的教学活动形式(如课前调查,现象思考,问题与研讨,理论解读,案例分析等) **新课标视域下小学音乐课堂器乐教学策略与案例解析** 1. 绪论 　1.1　课程导入 　　　1.1.1　课程概要 　　　1.1.2　课程特色 　1.2　课程前测 　　　1.2.1　《器乐进课堂的调查问卷》 　1.3　概念界定 　　　1.3.1　器乐进课堂的概念 　　　1.3.2　适用于小学阶段的课堂乐器 　1.4　实施器乐进课堂的意义 　　　1.4.1　新课标的指引与需求 　　　1.4.2　核心素养的培植与发展 　1.5　单元测试 **单元教学形式:现象思考、课前调查、问题与研讨、资料阅读、理论解读、单元测试** 　2. 器乐进课堂——游戏教学策略 　2.1　游戏教学的概述 　　　2.1.1　游戏教学的概念 　　　2.1.2　游戏教学的设计原则 　2.2　基于案例解析的游戏教学实施策略与方法 　　　2.2.1　身体感知法 　　　2.2.2　动手操作法 　　　2.2.3　信息技术法 　2.3　单元测试

续表

课程内容架构与教学实施设计	单元教学形式:问题与研讨、现象思考、资料阅读、案例分析、单元测试
	3. 器乐进课堂——支架教学策略
	  3.1 支架教学的概述
	      3.1.1 支架教学的概念
	      3.1.2 支架教学的设计原则
	  3.2 基于案例解析的支架教学实施策略与方法
	      3.2.1 维恩法
	      3.2.2 表格法
	      3.2.3 分解法
	  3.3 单元测试
	单元教学形式:问题与研讨、现象思考、资料阅读、案例分析、单元测试
	4. 器乐进课堂——情境教学策略
	  4.1 情境教学的概述
	      4.1.1 情境教学的概念
	      4.1.2 情境教学的设计原则
	  4.2 基于案例解析的情境教学实施策略与方法
	      4.2.1 真实情境法
	      4.2.2 想象情境法
	  4.3 单元测试
	单元教学形式:问题与研讨、现象思考、资料阅读、案例分析、单元测试
	5. 器乐进课堂——合作学习策略
	  5.1 合作学习的概述
	      5.1.1 合作学习的概念
	      5.1.2 合作学习的设计要点
	  5.2 基于案例解析的合作学习实施策略与方法
	      5.2.1 问题引导法
	      5.2.2 思维导图法
	      5.2.3 多元评价法
	  5.3 单元测试
	单元教学形式:问题与研讨、现象思考、资料阅读、案例分析、单元测试
	6. 课程小结
	  6.1 课程作业
	  6.2 课程测试
	单元教学形式:课程考核

续表

第二章 器乐进课堂——游戏教学策略

【学习目标】
(1) 知道游戏教学的概念。
(2) 了解器乐进课堂的游戏教学设计原则。
(3) 初步掌握部分器乐进课堂的游戏策略与方法。

【学习内容】
(1) 通过阅读概念、案例文本呈现器乐进课堂的游戏教学的实施策略。
(2) 观看视频《闻花香与吹蜡烛》《吹纸片》《吹奏闯关游戏》等内容,学习游戏教学的案例。
(3) 熟悉部分游戏教学方法——身体感知法、动手操作法、信息技术法。

【实践任务】
任务:完成单元测试题
任务:学习微课视频后,请试着运用游戏教学策略,以案例片段描述的方式,分享你的器乐教学实践经验。

第一节 游戏教学的概述

一、游戏教学的概念

游戏教学就是以游戏的形式进行教学,让学生在生动活泼的课堂氛围中或在竞赛中不知不觉地掌握知识技能。简单地说,"游戏教学法"是将"游戏"和"教学"两者巧妙地结合在一起,从而引起学生学习兴趣的教学方法。

《义务教育艺术课程标准(2022年版)》提出,要调动听觉、动觉、视觉、触觉等,引导学生多感官地体验音乐,让学生在玩中学、动中学、乐中学,激发他们学习音乐的兴趣。重视在音乐游戏和活动体验中渗透音乐基础知识、基本技能的教学,包括演唱和演奏的基本姿势、方法、音准、节奏等。

以游戏的方式,在活动体验中渗透器乐基础姿势和基本技能的学习,将其运用于器乐教学中。通过游戏提升器乐演奏能力,帮助学生感知音乐,并在表现音乐的过程中增强运用器乐演奏的知识与技能进行创意表达的能力,从而提升艺术学习的整体效果。在此次过程中,不仅重视学生自身的音乐体验过程,更有益于学生的思维发展,提高创新意识。

二、游戏教学的设计原则

1. 游戏设计要与学生的实际生活相关联

游戏的设计需要在游戏素材的基础上进行,而素材、音乐、道具需要教师在课前就准备好,应选择一些学生所熟悉的、贴近生活的游戏,创设与生活相关联的环境与氛围,使学生结合已有的生活经验,更快地产生联想,进入学习状态。

2. 游戏设计要与器乐教学内容相融合

通过有效的游戏设计使器乐课堂充满生机。比如:在竖笛演奏中的三吐音练习,可

续表

以形象地变成"马儿跑"游戏,让学生在模仿马蹄声中由慢而快地掌握吐音技巧。游戏与器乐教学内容的相融合有效地激发学生的学习积极性,从"要我奏"变成了"我要奏",充分发挥了学生的主导地位,也使教学内容更加丰富多彩。

3. 游戏设计要符合不同学段学生的年龄的特点

小学阶段的学生具有一定的年龄跨度,像中低年段与高年段的学生所喜爱的游戏不太相同。心智发育还未完全成熟的中低年级学生以形象思维为主,所以要尽量选择基础性的、简单的、有趣的游戏与器乐教学相结合。高年级学生具有爱玩的天性,他们的好奇心重、竞争性强,因此可以选择竞赛类游戏与器乐教学结合起来,在游戏中培养他们的竞争意识和合作意识。根据不同的年段设计游戏环节,要充分考虑学生演奏的实际水平以及年龄特点,选择学生感兴趣的、阳光积极的素材,这样更有利于培养学生健康的价值观,从而在课堂中落实学科核心素养。

第二节 基于案例解析的游戏教学实施策略与方法

游戏教学策略主要是运用学生在学习过程中的体验性原则与参与性原则,通过游戏的策略激发学生参与学习与竞争的主动性,进一步激发学生的创造性思维。结合游戏的特点,游戏教学策略能有效促进学生主动掌握游戏的方法与内容达成学习预计目标。以器乐(竖笛)教学中片段《闻花香与吹蜡烛》《吹纸片》《吹奏闯关游戏》为案例,总结以下几种游戏教学方法。

一、身体感知法

【片段一】 游戏:闻花香与吹蜡烛(学习吸气与吐气方式)

1. 观察图片

师:同学们,让我们观察图片,想一想图片上的人物在做什么?

生:老师,她在闻花香。

2. 独立探索

师:请你们来试一试闻花香,想一想在闻花香的时候是怎样的状态?

生:闻花香时是很自然的,是用鼻子来嗅的。

3. 亲身尝试

师:闻花香时要做到不耸肩、深深地吸气、慢慢地吸,请你们来试一试。接着,请继续观察第二幅图片。

4. 观察图片

师:这张图上的人物在做什么?

生:老师,他在吹蜡烛。

5. 独立探索

师:相信同学们都有吹蜡烛的经验,在吹蜡烛时,太大力气容易吹不灭,要用怎样的技巧能把蜡烛一口气吹灭呢?

生:我有经验,吹蜡烛的时候气息匀,速度不宜太快。

续表

6. 亲身尝试
师:是的,在吹蜡烛的时候,我们的气息保持均匀且稳定,还留有余下的气息。
策略分析:
　　在此案例互动中,教师运用了身体感知法。为了让学生充分理解吐气与吸气的正确方式,教师首先请学生观察看似完全没有关联的图片——闻花香与吹蜡烛,在此过程中调动了学生的视觉感官;接着引导学生独立探究闻花香与吹蜡烛的方式,学生结合已有的生活经验进行独立思考,动脑分析研究闻花香与吹蜡烛的姿势;最后在亲身体验尝试中掌握运用的方法。整个过程多感联动,形成了一个完整的、综合的感知,不需要教师过多的语言和描述,学生就能在游戏中学会吐气与吸气。通过身体感知法让学生在课堂中充分的发挥自主能动性,积极参与到课堂中,激发强烈的求知欲望,使学生自始至终保持学习的兴趣与积极参与的状态。

二、动手操作法
【片段二】 游戏:吹纸片(区分急吹与缓吹)
1. 真实任务,分组探究
师:同学们,下面我们将进行"吹纸片"的游戏实验,在实验中,我们能更好体验到演奏竖笛时需要运用的气息程度与口型状态。
2. 分配任务,明确规则
师:在讨论的过程中,小组需要选出组长、记录员、操作员共同完成实验。
(1)选出组长。
(2)选出记录员。
(3)选出操作员。
3. 问题引导,攻克疑难
师:请小组讨论两个问题。
　　问题一:运用怎样的气流能让纸片吹不走? 一吹就走?
　　问题二:当纸片吹不走时,口型是怎样的? 当纸片一吹就走时,口型有什么变化?
(1)自主尝试操作吹纸片。
(2)观察小组成员的操作。
4. 发挥特长,统筹分析
(1)分析各自研究情况,交流真实想法。
(2)记录员填写表格。

小组记录	吹不走	一吹就走
运用气息(平稳、急)	平稳	急
口形(圆形、扁形)	圆形	扁形
吐气方式(缓吹、急吹)	缓吹	急吹

续表

策略分析：
　　本案例活动选取了"吹纸片"实验,动手操作指的是两个方面:①自主探究操作实验吹纸片,通过动手操作"吹纸片"的游戏,在体验、观察、分析、总结中得到统一的答案,在此过程中让学生了解演奏时气息控制、口形,分辨急吹与缓吹的区别;②指的是与小组成员合作动手操作实验吹纸片,组员们能各司其职,配合完成自己负责的部分,分析记录、参与实验、仔细观察、发表观点。通过问题导向,促进学生之间互相学习合作,学生在游戏中有角色担当,增强了责任感,参与度很高,在活动中建立了游戏规则意识,互相协商解决问题,并在实践动手操作后愿意表达自己的观点,有利于学生高阶思维的发展。

三、信息技术法

【片段三】 游戏:吹奏闯关游戏(初次吹奏)

1. 游戏准备

师:下面我们来初次吹响我们的小竖笛吧,请同学们根据视频的题目进行闯关游戏!

(播放自制多媒体动态视频)

2. 游戏规则

师:在闯关时,我们要遵守游戏规则,为保证游戏的顺利进行哦!

(1) 仔细观察题目,思想集中。

(2) 演奏时不随意说话,不打扰其他伙伴。

(3) 严格按照正确的演奏姿势与手型进行吹奏。

(4) 与伙伴共同吹奏闯关,聆听自己音色是否正确。

3. 闯关游戏答题

第一题:演奏 0/1/2 孔对应音符。

第二题:演奏 0/1/2/3 孔对应音符。

第三题:演奏 0/1/2/3/4 孔对应音符。

第四题:演奏 0/1/2/3/4/5/6 孔对应音符。

第五题:演奏 0/1/2/3/4/5/6/7 孔对应音符。

4. 总结游戏情况

师:同学们,你们都能在遵守游戏规则的情况下完成游戏,那你们答对了几题呢?

生:我答对了……

师:演奏时音准是否正确?

生:有或者没有。

(学生自评学习情况)

5. 拓展思维

师:通过闯关游戏,你们已经掌握了吹奏技巧,你愿意动动小脑筋,做做小老师,为小伙伴们出题吗?

(1) 个别学生口头出题。

(2) 集体演奏。

(师生评价)

续表

策略分析：
　　本案例活动来源于教师的自制视频，通过吹奏闯关游戏，聆听、对比自己的演奏的音色，在良性竞争的游戏活动中体会协同演奏的乐趣，感受初次演奏的成就感。在器乐教学课堂中，教师借助信息技术，丰富器乐教学的表现形式，借助信息技术的灵活性、活动性、形象性等功能，为学生创设相应的游戏情境，让学生在情境体验中更好地感知音乐形式的多样化，最后通过拓展思维，学会迁移运用知识，自己提出问题，从而进一步激发学生的创造力和想象力，保障器乐教学实效。

　　以上片段提炼了部分器乐教学的游戏教学策略与方法，老师们可以运用已学案例进行运用迁移，也可以根据自身教学内容尝试探索更多方法。

第三节　单元测试

选择题

1. 游戏教学适用于小学课堂器乐教学吗？
A. 适合
B. 不适合
C. 不确定

2. 在本课程案例中，教师实施的游戏教学策略有哪些？（多选题）
A. 信息技术法
B. 身体感知法
C. 动手操作法

简答题

　　请运用游戏教学策略，以案例片段描述的方式，分享你的器乐教学课堂实践经验。

尾记　项目转化教师培训课程,落实"教、研、训"一体化　　257

附表2　课程实施过程

章　　节	形　式	课时	内　　容	备注
1. 绪论 　1.1　课程导入 　1.2　课程前测 　1.3　概念界定 　1.4　实施器乐进课堂的意义 　1.5　单元测试	现象思考 资料阅读 课前调查	1	课程概要	
			课程特色	
			课程前测:《器乐进课堂的调查问卷》	
	问题与研讨 资料阅读 理论解读 单元测试	1	器乐进课堂的概念	
			适用于小学阶段课堂乐器	
			新课标的指引与需求	
			核心素养的培植与发展	
2. 器乐进课堂——游戏教学策略 　2.1　游戏教学的概述 　2.2　基于案例解析的游戏教学实施策略 　2.3　单元测试	问题与研讨 现象思考 资料阅读 案例分析 单元测试	3	身体感知法课例	
			动手操作法课例	
			信息技术法课例	
3. 器乐进课堂——支架教学策略 　3.1　支架教学的概述 　3.2　基于案例解析的支架教学实施策略 　3.3　单元测试	问题与研讨 现象思考 资料阅读 案例分析 单元测试	3	维恩法课例	
			表格法课例	
			分解法课例	
4. 器乐进课堂——情境教学策略 　4.1　情境教学的概述 　4.2　基于案例解析的情境教学实施策略 　4.3　单元测试	问题与研讨 现象思考 资料阅读 案例分析 单元测试	2	真实情景法课例	
			想象情境法课例	
5. 器乐进课堂——合作学习策略 　5.1　合作学习的概述 　5.2　基于案例解析的合作学习实施策略 　5.3　单元测试	问题与研讨 现象思考 资料阅读 案例分析 单元测试	3	问题引导法课例	
			思维导图法课例	
			多元评价法课例	

续表

章节	形式	课时	内容	备注
6. 课程考核	课程小结	1	课程考核	
课程评价			形成性评价与总结性评价结合，形成性评价基于测试，注重教师的实践反思等，多元主体评价，评价结果的反馈，注重教师真实情境下的行为表现。 **形成性评价**：认真观看视频，参与每次线上问题回答和研讨、作业反馈后按要求修改、按时完成每单元作业。占60%，详见以下细则： 学习评价细则：视频观看率占比20%，即时线上答疑正确率占15%，单元作业共享率占15%，作业反馈修改参与率占10%。 **总结性评价**：完成课程学习互动和小结，选择一项课堂乐器谈谈如何进行校本课程创设，并选择一课进行教学设计。占40%。	
有关说明			课程学习的基本模式、学校一级组织管理、教研组团队等团队内部的活动形态与相关制度的说明；课程实施所需的资源及来源说明；其他需要说明的。 (1) 课程学习的基本模式。线上学习，主要通过课程讲解、课程案例、课后测评等方式展开学习。 (2) 相关制度。参照部方、张莉珉工作室规章制度，课程为区第六期名师工作室研修团队成果，团队内部活动形态为自主研修与团队研修相结合。 (3) 课程所需资源与来源说明。公众号的链接、器乐书籍、图片链接、音频、器乐进课堂演奏的视频和音频。	

（附表1、附表2由张冠文老师提供）

　　回忆整个项目研究历程，从拟定项目计划书起"以终为始"有序开展工作室活动。在整个项目过程中，关注学员"教学思辨能力""及时反思提炼有效方法"能力；关注学员在课程开发中"整合学习资源"又扬自身教学特色，使课程具有学科特色、学校特色、个人特色；关注课程建设中的课堂教学实践，保障课程的合理性、科学性、可行性。就这样在多次反思、复盘中修改完善课程，在角色转变中完成教师培训课程。无论是课程开发、课程实践，还是教师培训课程，均致力于逐步打破学员原有固化思维，提升整体系统思维。在整个过程中每一个人都经历学习、研究、磨砺的过程，学员们逐步形成"课程观"思维来看教学，"研究"态度来对待教学，也努力将经验、成果辐射区域，推进团队研究的影响力。

两年中，"工作室"是每一个成员共同学习、相互吸引的场域，"工作室"也是一条"跑道"，我们在跑道上携手共进、不断超越自我，迈向更好的未来。